C. A. PRESS

CARTAS A LA DRA. ISABEL

La Doctora Isabel Gómez-Bassols, mejor conocida por su legión de fanáticos en todo el país como "la Doctora Isabel, el Ángel de la Radio", es la primera psicóloga radial hispana de Estados Unidos. Una versión latina de la Dra. Ruth, Ann Landers y el Dr. Phil. Su popular programa de consejos en vivo y llamadas en directo, "Doctora Isabel", se transmite diariamente de costa a costa en Univision Radio, la mayor compañía de radio hispana en la nación.

Como notable psicóloga, educadora y especialista en la violencia doméstica con tres décadas de experiencia como consejera familiar y de adolescentes, la Doctora Isabel ha trabajado tanto en el sector privado como en el público. Posee un doctorado en Pedagogía con especialización en la Adolescencia temprana y media, cuenta con un título postgrado de especialista en psicología, y con una maestría en la diagnóstica sicológica. Además, ha completado entrenamientos intensivos, especializándose en tópicos como los desórdenes de intimidad sexual, realizados en el mundialmente conocido Masters & Johnson Institute. La Asociación de Sicólogos Escolares de la Florida y a nivel nacional la han reconocido como experta en temas que afectan a los niños hispanos y a sus padres. Por su brillante labor que destaca un efectivo método de consejería, la doctora Isabel es codiciada como invitada en diversos programas televisivos, y como oradora principal en conferencias a través del país.

En los últimos años, la Doctora Isabel se ha convertido en escritora prolífica de cinco libros de autoayuda, incluyendo *Los 7 pasos para el éxito en el amor* y *¿Dónde están las instrucciones para criar a los hijos?* También ha colaborado con su hijo Eric Vasallo en la creación de dos libros para niños: *La canción de Gabriela* y *Gabriela, tú si puedes.* Además, la Dra. Isabel tiene una columna semanal de consejos en *El Nuevo Herald*, responde a las cartas de su audiencia nacional en doctoraisabel.net y está en el aire todos los miércoles por la mañana en UniMás Noticias, un canal de televisión nacional propiedad de Univision, que transmite en mercados hispanos claves en los Estados Unidos.

La Doctora Isabel ha recibido numerosos reconocimientos a lo largo de su carrera, tales como haber sido nombrada una de las Mujeres más Influyentes en la Radio del 2013, otorgado por Radio Ink; el Premio George Moscone por el Apoyo Vocal de los derechos LGBT / La Pride de Christopher Street West y el premio Community Catalyst de la Organización Esperanza para Niños, entre otros.

Cartas a la Dra. Isabel

Mensajes y consejos de
El Ángel de la Radio

Dra. Isabel

PRESS

C. A. Press

Penguin Group (USA)

C. A. PRESS
Published by the Penguin Group
Penguin Group (USA) LLC, 375 Hudson Street,
New York, New York 10014

USA | Canada | UK | Ireland | Australia | New Zealand | India | South Africa | China
penguin.com
A Penguin Random House Company

First published by C. A. Press,
a division of Penguin Group (USA) LLC

First Printing, May 2014

LIBRARY OF CONGRESS CATALOGING-IN-PUBLICATION DATA.

Gómez-Bassols, Isabel.
Cartas a la Dra. Isabel: mensajes y consejos de El Ángel de la Radio/Isabel Gómez-Bassols.
p.   cm.
ISBN 978-0-147-51263-5 (paperback)
1. Self-help techniques—Miscellanea.   2. Psychology—Misellanea.   3. Success—Psychological aspects—
Miscellanea.   I. Title.   II. Title: Cartas a la doctora Isabel.
BF632.G655   2014
158—dc22   2014008337

Printed in the United States of America
1   3   5   7   9   10   8   6   4   2

Este conjunto de cartas y consejos se los dedico
a todos mis fieles oyentes que con tanta fe y esperanza buscan guía
para lograr paz en sus vidas.
Ellos son mis héroes.

Contenido

RELACIONES Y PREOCUPACIONES FAMILIARES

TEMAS DE SEXUALIDAD

PERSONAS CON TRASTORNOS MENTALES VARIADOS

Introducción

En una época dominada por el teléfono y el correo electrónico, resulta difícil comprender la importancia intelectual, social, política y, más que nada para mí, emocional de la carta.

He recibido un millar de cartas durante los años que he tomado el rol de Dra. Isabel. Muchas de esas cartas, las cuales he escogido y recopilado en este libro, me han hecho, no solo percibir más claramente los problemas que tienen los que escriben, sino distinguir las diferencias emocionales, culturales y sociales de cada uno de ellos.

He recibido muchas cartas por correo, pero en estos últimos años, la mayoría se reciben como correo electrónico o cartas en Facebook. Ha habido muchos cambios en la comunicación, pero eso no ha impedido que las cartas puedan ayudar por el mero hecho de escribirlas, de poner los pensamientos en orden, de ser una forma terapéutica aun mucho, mucho antes de que yo las conteste.

Hay algo maravilloso y mágico en poder escribir tus emociones, tus situaciones, y poder reconocer cuando escribes tu responsabilidad en lo que te ocurre. En muchas cartas, aun en las más desesperantes, donde no hay punto ni coma, donde las palabras continúan como una larga letanía, hay un momento donde ocurre la pausa, donde la persona, después de escribir dos páginas de lamentaciones, se ve cara a cara con su verdad.

Es en ese momento que puedo encontrar o visualizar la posibilidad de cambio en aquel que me escribe. Otras veces sé que, no importa lo que recomiende, quien escribe no está listo para tomar una decisión apropiada y más sana.

Estas cartas me han tocado el corazón, han estimulado mi mente y me han hecho sentir responsable de los destinos de muchos de los que me escriben. Pero esa es la naturaleza de mi misión, de la cual no me echo atrás, pues sé que pueden venir cambios, cambios positivos para aquellos que me escriben.

Hay un agradecimiento y un sentimiento de humildad en mi Corazón por todos aquellos que me escriben y realmente han tomado mi consejo, y lo han hecho realidad. Aun cuando se encuentran en situaciones muy difíciles, logran recurrir a su poder interno y a la determinación de querer llevar una vida mejor para ellos y para sus familiares.

Este libro es un reconocimiento para todos aquellos que cada día hacen que tengamos un mundo mejor y con más esperanza para el futuro. Como siempre, aquí estaré para escribirles, escucharlos y abrazarlos a la distancia.

Ustedes son los Milagros que ocurren cada día.

Doctora Isabel

Inquietudes y problemas
de pareja

Mujer atada a matrimonio tóxico

~

Hola:

Me llamo Alma y estoy buscando un consejo desesperadamente, pues no sé lo que tengo que hacer. Estoy casada, pero no estoy feliz en el matrimonio. Siempre me estoy yendo, pero siempre regreso, y sé que una y otra vez me iré, pero regresaré. Estoy con él desde mis dieciocho años. Ahora tengo veinticuatro y estoy cansada. No lo amo y creo que solo estoy con él porque estoy acostumbrada. Cuando me voy, se vuelve como un loco, me lo quita todo, y estoy cansada de él y de su familia. Como estoy tan infeliz, uso drogas; para decir la verdad, estoy muy deprimida. Por favor, ayúdame.

Hola Alma:

Hay muchas cosas que quiero que pienses. Una, si eres infeliz, tienes que buscar una solución para ti, una solución que te provea independencia. Eso quiere decir que puedas salir de la droga a la que te has acostumbrado, que puedas mantenerte económicamente; eso quiere decir que puedas trabajar responsablemente.

La razón por la que te vas y regresas, es porque piensas que al irte lo estás castigando, e inclusive estás buscando en él esa reacción apasionada, pues eso te atrae, y además regresas pues no tienes cómo mantenerte.

No sé si has estado deprimida por mucho tiempo. Muchas veces las personas buscan en las drogas ilícitas una manera de calmar o levantar su ánimo. Es importante que puedas participar en un programa de drogadicción que combine, primero el ayudarte a dejar la droga, y después, cómo manejar tus emociones. Lo principal es entrar en un programa que te ayude a manejar estos dos aspectos de tu recuperación. Los programas de Narcóticos Anónimos pueden ser un buen comienzo para ti, aunque preferiblemente necesitas un programa residencial, donde se ocupan de tus estados emocionales y tus adicciones.

Llama con confianza al National Drug Information and Referral hotline: 1-800-662-4357, opción 2 para español. Ellos te pueden indicar de qué manera pueden ayudarte.

Por supuesto hay hospitales que se ocupan de estos casos. Llevas mucho tiempo luchando con esto pues desde los dieciocho años estás dando vueltas, sin prepararte para tu futuro. Sí puedes vencer esto, pero tienes que comenzar por buscar la ayuda principal. Una vez que entres en recuperación, te indicarán, de acuerdo a tu condición, cuándo puedes comenzar a estudiar y trabajar. Sí puedes cambiar tu vida, tomando control de la misma.

Doctora Isabel

Mujer enamorada de otra mujer

Querida doctora Isabel:

Me ha dado mucha alegría haber encontrado esta página donde usted podría ayudarme con sus consejos los cuales deseo que lleguen pues debo contarle que soy una mujer casada y tengo dos niños. Llevo casi diecinueve años de matrimonio y ahora en mi trabajo algo me pasó, algo que jamás pude imaginarme y que, como a todo ser, una vez algo nos puede pasar por la mente como una fantasía pero esta fantasía se ha hecho realidad.

Tengo miedo pero al mismo tiempo siento que vivo y que soy otra, me he enamorado de una muchacha que, al igual, ella siente lo mismo por mí. Hemos hecho el amor muchas veces, nos vemos casi siempre y la amo, la quiero la deseo y la extraño y ya no me siento bien haciendo el amor con mi esposo. Solo a ella la necesito y a ella su novio la dejó porque con él era fría y desganada. Al contrario conmigo, ella me busca y yo a ella, ya no podemos estar la una sin la otra.

Llegó el momento de dejar mi trabajo, y creo que eso hará que nos alejemos por circunstancias de esta vida y yo estoy mal y sufriendo al igual que ella. Doctora por favor, dígame qué hacer, si las dos nos llevamos tan bien en todos los sentidos, y en la cama somos maravillosas y quedamos tan satisfechas que nos gusta, y en una día nos entregamos tanto como

> **nunca pensé que se pudiera hacer así el amor con tanto gozo placer y deseo.**
>
> **Atentamente y en espera de su respuesta. Gracias y mucha salud para usted.**

Estimada lectora:

Tenemos que mirar dos ángulos para responder esta carta. Primero, el ángulo del matrimonio, el compromiso tuyo con tu marido. Es obvio que es mejor que le digas que ya no lo amas, y que honestamente es mejor que lo dejes... Es obvio que a la mujer de la que te has enamorado tampoco le interesa su compañero y por eso la dejó. Tenemos que hacernos muchas preguntas ¿Sabes lo que quieres en tu vida sexual y personal? ¿Quieres un hombre o una mujer? Me parece que has estado escondida en el clóset, y has salido ahora. Creo que debes ir despacio con esta relación. No será fácil para los hijos entender, aunque hoy en día, con intervención, llegan a entenderlo aunque eso no quiere decir que no haya dolor y trauma envuelto en esta realidad. De que no puedes vivir engañando a tu compañero, estoy segura. La comunicación de la ruptura y cómo comunicar tu realidad sexual, eso es algo que tienes que saber cómo hacerlo.

Ahora, el segundo plano a analizar es más sencillo. Yo creo que ustedes no deben trabajar juntas. Es más, llevar una relación clandestina puede que les ocasione problemas en el trabajo. Si es una relación verdadera, no necesitan trabajar juntas para seguir de manera estable.

Ahora, sí te digo que no pretendas continuar una relación con ella y con tu esposo, pues eso ni es sano ni justo para él ni tu familia. No puedes jugar en los dos bandos, tienes que ser sincera contigo misma y por supuesto con tu esposo.

Te deseo luz para tomar la decisión correcta.

Doctora Isabel

Mujer abusada emocionalmente

Doctora:

La quiero felicitar por su estupendo programa. Tengo dos meses escuchándola y sus consejos me están sirviendo de mucha ayuda en este momento difícil de mi vida. Me gustaría que hiciera un tema referente al castigo del silencio, mejor conocido en inglés como el "*silent treatment*". Tengo curiosidad por saber qué es lo que pasa por la mente de la persona que ofrece este castigo, ¿están conscientes del daño que están haciendo, o simplemente son unos estúpidos que no saben valorar a su mujer?

Desafortunadamente este es mi caso. Tengo diecisiete años viviendo de esta manera y estoy bien consciente de que estoy en la última etapa de mi matrimonio. Soy la persona que ha recibido este tratamiento pero mi paciencia con este hombre está llegando a su final.

Él es un hombre que adora a sus dos hijos y les da muchísimo tiempo y conversa mucho con ellos, y también es muy social con todas las personas y siempre está hablando por teléfono, esa es mi frustración, porque nada más conmigo se porta así.

Querida amiga:

El llamado *"silent treatment"* es una forma de abuso emocional. Es obvio que él no es ni sordo ni mudo. Ha escogido castigarte a ti como una forma para intentar dominarte, pues este tipo de trato es para controlar a la otra persona, que en este caso eres tú.

Me preguntas qué pasa por su mente, y eso es fácil de contestar. Él te ha estado doblegando con su comportamiento pues en el caso tuyo, siendo mujer, seguro has hecho lo que fuera necesario para poder conseguir una comunicación, y de seguro él se siente como un gallito, pues ha logrado mantenerte confundida con su comportamiento ya que a sus hijos les habla, a los amigos también, sin embargo a ti te ignora.

¿Qué es lo que piensa? ¿Que te venció?

Lo importante de esto es saber qué es lo que está pasando por tu cabeza, ya que esa situación afecta una parte del cerebro que detecta el sentimiento de sentirse solo, abandonado y aislado, (córtex del cíngulo anterior o *"anterior cingulate cortex"* en inglés) causando un dolor físico. Al ignorarte, te está causando un dolor profundo. Este comportamiento en un matrimonio es muy destructivo, pues el mensaje que te está enviando es que tú no vales, ni tus impresiones u opiniones tampoco. Eso te hace sentir que no perteneces a ese grupo familiar; por supuesto que tu autoestima debe estar por los suelos.

Por la forma de expresarte, sé que eres una mujer inteligente. ¿Pero, me pregunto cómo has podido aguantar esto? ¿Por amor a tus hijos, o es por temor a que sea cierto lo que él cree de ti? Tú vales mucho para seguir siendo sometida a este abuso. Diecisiete años es demasiado tiempo. También recuerda que las lecciones que les estás dando a tus hijos de lo que es un matrimonio no son saludables.

Mi recomendación es que vayas primero a buscar ayuda sicológica, o asiste a los programas de CoDA (Co-Dependents Anonymous). Encontrarás que te va ayudar a levantar tu autoestima, y a poder saber cuándo tienes que salir de esta relación tóxica y abusiva.

Hoy es tú día... ¡cambia!

Doctora Isabel

¿Lo perdono o no?

Hola Dra. Isabel:

Me da mucho gusto que haya tomado el tiempo de leer mi correo electrónico. Paso a darle más detalles de mi caso. Para empezar, yo tengo un carácter muy fuerte. No me puedo contener y exploto muy pronto, esa es mi reacción. Yo me junté a vivir con mi ahora esposo cuando yo tenía diecisiete años y él dieciocho años. Ahora yo voy a cumplir treinta y dos años y él treinta y tres. Tenemos a Netito de doce años, Gabrielita de ocho años y mi bebe de cuatro meses. Hemos pasado por muchas cosas malas y también buenas. Él es alcohólico. Hace cinco años él tuvo que salir del país. Cuando él salió del país andaba tomando mucho. Y estando en México su mamá lo internó en un centro de rehabilitación, en el cual duró tres meses, y desde entonces, gracias a Dios, ha estado sin alcohol.

El caso es que él dura en México un año para regresar aquí con nosotros. Todo estaba muy bien, yo diría que como yo hubiera deseado, todo bien como pareja para papá. Entonces, en junio de 2012 decidimos casarnos por la iglesia y todo bien. Dos meses después de que nos casamos, el empezó a decir que no estábamos bien, y yo le preguntaba por qué dices que no estamos bien, dame una razón, o dime en dónde no estamos bien para yo saber y tratar de cambiar en donde yo estoy mal. Pero de ahí yo no sacaba entonces.

Un día tuvimos una fuerte discusión por teléfono y cuando yo llego del trabajo, su cuñado ya había ido a la casa y había sacado sus cosas. En ese entonces, yo tenía siete meses de embarazo, pero él siguió pendiente de mis hijos y de mí. Llegó el día de dar a luz y él ahí estuvo conmigo. Cuando ya regresé a casa del hospital, pues él estaba ahí. Después decidió salir de la casa otra vez y esta vez me decía que él era un cabrón y que a veces las cosas que uno hace tienen consecuencias: "Tú eres buena y no te merezco". Bueno, bueno el caso es que la semana pasada le saqué la verdad y me dijo que durante el tiempo que él estuvo en México embarazó a una mujer y que ya no aguantaba más.

Doctora, mi pregunta es ¿lo perdono o no lo perdono?

Hola amiga:

En estos momentos mi preocupación no es el que puedas o no perdonarlo. Es mi opinión que sí, y después el olvidar lo que ha hecho es un trabajo que solo lo puedes llevar un día a la vez.

Mi preocupación es si él está arrepentido de lo que hizo, y si quiere seguir contigo y no con la otra. También tienen que hablar de cuál responsabilidad va a tener con el otro bebe. Definitivamente tienen que hablar bien claro sobre la determinación que él va a tomar.

Sé que me dices que él fue a un centro de rehabilitación. Eso no quiere decir que él se curó, sino que se rehabilitó. Él necesita continuar asistiendo a Alcohólicos Anónimos, y así poder hacer lo que realmente tiene que hacer. Además, te recomiendo que asistas a Al-Anón, un programa para los familiares que conviven con un alcohólico.

Sé que no es algo que puedas arreglar en un día, pero es obvio que él respondió con responsabilidad durante tu embarazo.

La pregunta es si quiere seguir contigo fielmente o no.

Doctora Isabel

¿Tú me hiciste brujería?

～～

Doctora Isabel:

Necesito platicar con alguien que me dé un buen consejo. Soy mexicana, pero un amor me llevó a Cuba. Lo conocí por Internet. Primero fue solo un amigo, después establecimos una relación que cambió mi vida.

Hacía malabares para tener comunicación, eso me agradaba. Mi mamá fue cómplice; a mi padre le costaba creerlo. Yo lo defendía porque estaba segura.

Después de casi un año me animé a ir a Cuba. Cuando lo vi me sentí emocionada. Siempre me respetó, jamás abusó de que estuviéramos solos. Durante una temporada que pasé en La Habana intercambiamos más, elogiaba mis principios y me propuso matrimonio. Regresé con esa idea a México, le prometí volver. Mi familia se cambió de ciudad y mis planes se truncaron. Él comenzó a creer que estaba poniendo trabas para no casarnos. En el segundo aniversario habló con mi madre para romper la relación. Yo me opuse, pero finalmente terminamos.

En un viaje de vuelta a Cuba me reencontré con su familia y un matrimonio amigo al que no le agradé. Pienso que influenciaron para separarnos porque la señora practica magia negra. Intentamos volver, pero él se dejó llevar por consejos. No nos hemos vuelto a ver, pero mi corazón no se resigna. Siento que nunca he sido feliz, excepto cuando estuve a su lado. Me duele pensar que pudo ganar el mal sobre el bien, ¿Qué me recomienda?

Me han dicho que busque a otra persona, pero siempre que intento, mis valores pesan más, porque así fui educada. Sé que es mucho pedir, pero me hace falta.

Agradeceré sus consejos.

Amiga mía:

Esta carta me hizo recordar una canción que dice "tú me hiciste brujería". Te enamoraste de alguien que de una ilusión alimentada por cartas y conversaciones telefónicas creíste real. Me dices que era un caballero, y me pregunto ¿qué quieres decir? No sé si tuviste intimidad con él, quizás a él no le interesaba. Me parece que vivía una fantasía contigo, la alimentaba, o sería que estaba buscando salir de Cuba. Sé que son conclusiones drásticas, pero muchas han sido las historias parecidas a la tuya. Lo que no tiene sentido es que una persona con la educación que dices que él tiene, se deje dominar por la brujería. Puede que tuviese inteligencia cognitiva, pero también periodos de debilidad mental que lo llevan a buscar respuestas inconsistentes. Esto no significa que el mal le ganó al bien.

Una persona balanceada no busca soluciones a su vida en la brujería. ¿Te habría gustado llevar la vida con alguien que cuando se presenta un problema encuentra en eso su refugio? Reconozco en ti una muchacha buena, con valores, pero quizás demasiado ingenua que no se merece lo que estás sintiendo. Pero créeme que aquí el bien le ganó al mal. Presiento que de continuar con él, ibas a sufrir mucho más.

Busca relaciones que sean más reales, que no tengas que mantener a distancia, donde el roce diario te enseñe realmente con quién estás tratando.

Deja de sufrir porque a ti... no te echaron "brujería".

Doctora Isabel

Mujer engañada

Doctora Isabel:

Necesito de su consejo. Mi esposo me engañó, y apenas me enteré por casualidad. Nosotros teníamos veinticuatro años de casados; él solamente me dijo que nuestra relación se terminó. Yo pregunté por qué, y me dijo solamente que ya estaba cansado de todo, inclusive de que siempre tenía que complacer. Yo no entendí y seguí preguntando, hasta que me dijo que tenía otra relación con una señora que vive en México, y la conoció por medio del Internet.

Yo ya sabía que tenía amigas en el Internet, porque él siempre me platicaba y me enseñaba sus correos, e inclusive lo que platicaba con ellas. Siempre me decía, prefiero hacerlo así, para no tenerlas cerca y así no tendría que salir de la casa, y no quiero tener problemas contigo. Yo lo entendí Doctora. Fue hace dos meses que él me dijo, necesito tomar unos días libres. Nosotros cuando llegamos aquí trabajamos mucho, sin descansos, inclusive los domingos trabajábamos. Tenía tres trabajos, cada uno era porque queríamos estar mejor, yo lo entendí. Pero cuál sería mi sorpresa que cuando le hablé para saber cómo estaba y si ya había llegado a su destino, lo escuché raro, y le pregunté si estaba solo y me dijo no, estoy con esa persona. Me dijo que estaba con ella y que la quería.

A partir de ese día mi mundo cambió. Yo era feliz, estaba siempre contenta porque nosotros teníamos una relación muy buena. Le perdí la confianza. Me dijo que ya tenían tres años de relación. No lo podía creer porque inclusive, en algunas ocasiones yo lo aprobaba cuando me decía que iba a hablar con su amiga. Ahora cuando él se fue de la casa me enteré que le compró el boleto de avión para que ella venga, y ya tienen un departamento.

Antes de que se fuera le hablé mucho pero me decía que está enfermo, que tiene que enfrentar este problema y que quería saber si funcionaba o no, y que no me quería seguir lastimando. Que me quiere mucho, pero no como yo quisiera. Por ese motivo le estoy pidiendo que me oriente. Estoy muy mal emocionalmente, porque la persona a la que le entregué todo mi amor y confianza me acaba de destrozar el corazón. Pero quiero seguir adelante, no quiero estar siempre triste.

Ayúdeme por favor; por cuestiones de mi trabajo no puedo escucharla siempre.

Estimada amiga:

Hay distintos tipos de amor, y el que ustedes tenían era disparejo. El camino a seguir para ti, es comprender que la pasión que quizás sintió por ti se terminó, que él no supo convertirla en ese amor tranquilo, de respeto, de cariño, de compromiso que las parejas forman cuando se ama de verdad. La definición tuya del matrimonio es diferente a la suya.

Creo que has sido muy comprensiva, como la esposa que ama, respeta y comprende. Pero ahora, comprende que no debe seguir contigo, que aunque regrese, nunca va a volver a ser igual. Van a existir dudas de tu parte y mucho dolor al verlo. Sepárate y déjalo ir. Sé que es muy difícil, y que por mucho tiempo estarás sufriendo como si fuera algo que murió. Y así es, se murió. Te recomiendo que busques refugio en programas que te ayuden a sanar tu dolor. Puedes ir a terapia, pero también hay grupos que te ayudarían a sentirte menos sola.

Date tu lugar, abraza tu dignidad de mujer que fue buena, y sigue siendo buena. No conviertas la puerta de tu casa en una puerta giratoria, donde cada vez que él se sienta culpable venga y te haga un favor para calmar su propio pesar.

Ahora es el momento de enseñarle que eres demasiada mujer para él. Vamos a ver cuánto tiempo la otra le da "más" como él dice. Por favor no lo esperes, no seas plato de segunda mesa.

Los programas de CoDA (Co-Dependents Anonymous) te pueden ayudar durante este proceso.

Tú tienes todo el poder de cambiar.

Doctora Isabel

Hombre engañado

Estimada doctora Isabel:

Tengo treinta y nueve años y siempre en lo que cabe he sido muy alegre, bastante feliz, hasta hace tres años que conocí a una persona y me gustó. Cometí el error de traerla de Cuba en un viaje que di. En la primera semana la descubrí en el Internet siéndome infiel hasta con mujeres y hablando de que logró su objetivo de venir y utilizarme.

Automáticamente la eliminé de mi vida. Mis sueños, con ella se me hicieron pedazos, a la vez que me he quedado por estos tres años muy mal de ánimo. Me he sentido engañado, usado, no he podido superar esto. Día a día me vienen a la mente pensamientos bien malos sobre esa persona. Me siento acomplejado, traicionado, usado con lo que me pasó. No he superado las cosas que me pasan por la mente hacia ella. Son bien feas, hasta de venganza. He tratado todo para levantar mi autoestima, haciendo ejercicios, yendo al gimnasio, pero no me ha ayudado. No me he recuperado, es algo que tengo bien metido dentro.

Me siento bien mal y a la vez no he podido encontrar a alguien. Necesito su consejo.

Estimado amigo:

Durante una visita no es tiempo suficiente para conocer a una persona. Esta experiencia quizás te ayude a aprender para la hora de tomar decisiones en el futuro, y tratar de que sean más sabias y mesuradas.

Pregúntate por qué fuiste a buscar a alguien geográfica y socialmente fuera de lo que conoces. Es posible que no confíes en las personas con las que te has rodeado en los Estados Unidos. ¿Qué es lo que realmente buscabas en Cuba? Estas preguntas te ayudarán a encontrar tu motivo, el más importante que tienes que mirar; el de ella, ya lo descubriste.

Sé que has tratado de calmar tus ansias y frustración asistiendo a un gimnasio, aunque es bueno para tu salud física y mental, no te ha ayudado lo suficiente. Llevas tres años cargando el peso de su engaño. Busca las razones en ti, no en ella. ¿Por qué creíste en ella? Si continuas esta búsqueda, te ayudará a destapar las verdaderas razones. ¿Es que fue el sexo, es que el sexo es mejor con una cubana? Me puedo dar la opción de hablar de esto, ya que nací en ese país, el cual no he pisado en cincuenta y dos años. No te concentres más en ella, no busques tanto pues, al igual que con el ejercicio, no te lleva a tu verdad.

Tienes que trabajar en ti, en realmente analizarte, y puntualizar qué es lo que quieres en tu vida. Y antes tendrás que hacer un inventario de los logros tuyos hasta ahora, y los que quisieras tener en el futuro. Analiza también cuáles han sido en tu vida tus fracasos y por qué han ocurrido. Haz tiempo para hacer un inventario de tu vida.

Los programas de CoDA (Co-Dependents Anonymous) localmente te podrían ayudar. Busca en Internet.

No busques tan lejos lo que tienes tan cerca. Encuéntrate a ti mismo. Se tú el escritor del libreto de tu vida...

Doctora Isabel

Hombre divorciado dudoso
de buscar un nuevo amor

～

Hola Dra. Isabel:

Un millón de bendiciones para ti. Me llamo Alejandro y soy un admirador tuyo de hace muchos años. Me separé de mi esposa; teníamos tres hijos juntos. Ella se enamoró de uno de mis amigos de la iglesia.

¿Crees usted que debería esperar en buscar nueva pareja? A veces siento como que mi tiempo libre es mejor aprovechándolo con mis dos hijas y el bebe, y me siento bien así pero no sé hasta qué punto sea bueno no encontrar alguien con quien compartir. Tengo treinta y ocho años, con ocho meses de separado.

Gracias Doctora, un fuerte abrazo.

Hola Alejandro:

Si te sientes mejor estando con tus hijos por ahora, quédate así. Ellos te necesitan mucho, pues quizás no pueden comprender qué fue lo que les pasó a mamá y a papá. Juega con ellos, llévalos a pasear, léeles libros antes de acostarse. Haz una rutina con ellos, pues para ellos también esto es fuerte.

Es también momento para que analices qué fue lo que paso en tu matrimonio. Además, debe ser muy difícil entender cómo tu amigo y tu esposa se enamoraron en la iglesia. ¿Cómo te sientes con eso?

Analiza qué pasó, cuál fue tu responsabilidad en esta separación. Pues al analizar, te vas preparando para esa próxima relación que tarde o temprano tendrás. Aún estás muy herido con lo que ocurrió, y tienes que sanar esas heridas o la próxima pareja que entre en tu vida va a pagar por las acciones de tu pareja.

Esta temporada te preparará para ser un tremendo padre, y mejor compañero.

Bendiciones,

Doctora Isabel

Mujer frustrada con su esposo y con ella misma

~o~

Querida doctora Isabel:

Me llamo Amelia y agradezco su tiempo y paciencia con nosotros que, aunque ya tenemos mucho tiempo en la clase, parece que de repente se nos olvidan las cosas básicas.

En mi caso, la falta de voluntad para realizar mis sueños. Tengo una necesidad inmensa de platicar todas las cosas que me abruman. Estoy casada con un hombre que es trabajador, responsable, no tiene vicios, pero es egoísta y voluntarioso cuando las cosas no son como él quiere. Tenemos casi veinticinco años de casados con una sola hija ya mayor de edad que vive con nosotros. Creo que en todo este tiempo me he sacrificado. No quiero hacerme la víctima, pero he optado por evitar los problemas y cumplir con mis obligaciones. Traté de ser una buena madre y esposa pero aun así me siento insatisfecha.

Hubiera querido ser una persona independiente, tener un trabajo que disfrutara hacer, tener más tiempo para hacer cosas que me relajaran. Dígame por favor la forma mágica para conseguirlo.

Quería hablarle del ambiente que me rodea, no de mi necesidad interna. Espero no le moleste pero creo que estoy usando este medio para descargar mis frustraciones.

Querida Amelia:

En esta vida, a todos se nos olvida de vez en cuando lo que con tanto interés aprendemos. Por lo general, cuando dejamos que las emociones sean más fuertes que nuestro sentido común. Efectivamente ha sido tu falta de voluntad, pero, más aún, es el temor a tomar decisiones. Así has dejado pasar veinticinco años sin hacer metas de tus sueños y perseverar para lograrlas.

Creo que vas al punto principal al reconocer que has dejado que el temor, la falta de autoestima y el constante abuso verbal de tu esposo te hayan hecho creer que tú no vales. Solo tú puedes estimar tu valor. Recuerda que como madre, no solo te estás haciendo daño, sino que tu hija está mirando la posición de mujer como la de alguien sin opinión.

No puedes continuar echándole la culpa a tu esposo. Tú eres responsable de tu felicidad. Un buen compañero entiende eso y además lo respalda. No debes pelear con él; cuando ya tengas en mano lo que quieres, se lo dices. Pero primero analiza bien lo que harás. Es hora de que comiences a planear el futuro y sí, creo que tienes tiempo para hacer realidad tus sueños.

Comienza por mirar qué es lo que realmente quieres. Planéalo, analiza lo que necesitas para cumplir esas metas. Divídelas en pasos simples para ir encontrando éxito, poco a poco. Debes ver si lo que querías hacer hace mucho tiempo ya no pega en esta sociedad tecnológica y, si es posible, habla con otras personas que hayan logrado sus metas para que actúen como tus mentores. A lo mejor debes comenzar por estudiar inglés, algo tan sencillo como eso. Creo que también debes estudiar el manejo de las computadoras y el Internet.

Si llevas mucho tiempo sin trabajar, debes comenzar por algo de medio tiempo, pero si encuentras un trabajo de tiempo completo, mejor. Una vez que tengas trabajo, decide ahorrar, y recuerda de pagar tu seguridad social, pues debes acumular por lo menos diez años de contribuciones antes de poder retirarte.

Espero que si hablas con seguridad tu esposo comprenda que estás convencida y acepte. Si no lo hace, calla pero sigue tu rumbo. Puedes asistir a los programas de CoDA (Co-Dependents Anonymous), para empezar a entender por qué has permitido esto por tanto tiempo, pero también aprenderás a darte cuenta de que eres un ser que puede lograr lo que se propone. No temas. Lo lograrás. Tú eres la única que lo puede decidir.

¡Qué Dios te guíe!

Doctora Isabel

Hombre preocupado por
las finanzas con su esposa

~o~

Doctora Isabel:

Antes que todo muchas gracias por aceptarme como amigo por este medio. Mi problema es el siguiente: tengo muchos problemas en mi matrimonio a raíz de la situación económica. Me quedé sin trabajo hace tres meses y mi esposa ha cambiado mucho conmigo. Tenemos cuatro años de casados, yo tengo treinta y cuatro y ella cuarenta. Yo la amo demasiado y no me resigno a perderla; el solo hecho de pensarlo me pone mal. A pesar de eso, nuestra relación se fue deteriorando. Yo en parte tengo culpa de eso por mi comportamiento: me fui de la casa y duré un mes fuera de ella. Pero cuando regresé de vuelta encontré a mi esposa muy cambiada. Ahora sale mucho de fiesta y no me dice a dónde va y me humilla mucho. Yo la amo y estoy arrepentido por todo lo mal que yo he hecho en nuestra relación; inclusive he pensado en suicidarme si ella no vuelve conmigo. Le he sugerido que vayamos a una terapia de pareja cosa que ella no acepta.

Le pido que me oriente en esta situación ya que estoy desesperado.

Que dios la bendiga.

Amigo:

Comprendo que los problemas económicos han causado fricciones en las parejas. Hoy me voy a fijar en ti y tu pareja. Vamos a fijarnos en dos cuentas de banco. En la cuenta donde tenemos lo que entramos y lo que sacamos. En la cuenta del banco económico es posible que la cuenta esté casi en cero si no has estado trabajando. Pero en la otra cuenta, la emocional de la pareja, en cuatro años ya te fuiste de la casa un mes, no sé ni por qué, ni si regresaste porque te cansaste de estar fuera. En esa cuenta me parece que sacaste todo lo poco que tenías en cuatro años y te cerraron la cuenta.

Amigo, tanto la quieres, y ¿qué pasó? ¿Por qué te fuiste por un mes? Hay demasiados huecos en tu historia. Solo tú puedes analizar lo que causó esto. El comportamiento de ella es el de una mujer que dijo, esto se acabó.

No pierdas el tiempo en pensar en el suicidio. Debes ir a buscar ayuda de un terapeuta o asistir a Neuróticos Anónimos. Si ella no quiere ir, ve tú, dale el espacio que ella ya se tomó. Este es tu momento de aprender tu lección. Y quizás ella aprende su lección.

Déjame saber cómo te va,

Doctora Isabel

Esposa con esposo
poco satisfecho con ella

⸻

Doctora:

Necesito un consejo y espero llegue a tiempo. Seré breve. Soy una mujer de cuarenta y ocho años casada por veintidós años con un hombre cinco años menor. Todo era felicidad y alegría en casa. Tuvimos tres hijos, el mayor de veintidós, la nena de veinte y el pequeño de trece. Pero hace dos años me enteré de que me estaba siendo infiel con una mujer que trabajaba con nosotros (trabajábamos en una tintorería que él compró). Cuando me di cuenta le dije y él me dijo que era solo un pasatiempo y que la iba a dejar y eso lo hizo; ella se regresó a su país y ya no volvió.

Parecía que todo estaba en paz, pero hace unos meses me volví a enterar de otra infidelidad pero ahora él se atrevió a decirme que a mí nunca me amó, que su único amor era esta mujer que fue novia de antes de estar conmigo, que ahora que la encontró no piensa dejarla. El caso es que ella también está casada pero dice que está por divorciarse. Ahora él no quiere decirles nada a sus hijos hasta que se aclaren las cosas con el divorcio yo no sé qué hacer. Aún estamos juntos pero no tengo valor de tener relaciones con él aunque él tampoco me lo ha pedido. Estoy desesperada porque yo lo amo y me da coraje que se haya burlado así de mí.

Durante los años de casada nunca me dijo que no me amaba; por el contrario, parecía que yo era todo para él. Yo dejé a un lado mis costumbres y amistades por hacerlo feliz y me siento usada.

Quisiera un consejo para poder realizar mi decisión. No quisiera herir a mis hijos, pero no tengo ni un familiar aquí con quien contar.

Espero tener una respuesta pronto porque me estoy ahogando sin poder solucionar mi situación.

¡Ah! También le dije que si creía que yo podía hacer algo para conquistarlo por que no me resigno a perderlo, pero él solo me dijo que solo yo sabía lo que tengo que hacer.

De antemano, gracias por leer mi carta.

Estimada amiga:

La realidad la tienes delante de tus ojos pero no quieres aceptarla. Si ya te dijo que nunca te quiso, tienes que aceptar que él no te quiere y que tú no tienes por qué rebajarte a conquistarlo.

Tu corazón duele en estos momentos, pero dolerá más si no haces lo que tienes que hacer. Comienza una vida donde el centro eres tú y tus hijos. Reencuéntrate con tus amigas y familiares. No ruegues amor porque lo que te dará es sexo, placer para él mismo, no para darte el amor que te corresponde. No aceptes migajas, pues eso no lo hará regresar a ti. Habla con tus hijos, y solo les dices que van a haber cambios en la familia, pues su padre te dijo que no te quería. Él no quiere hacerlo, hazlo tú, pues como tú vas a hacer cambios en tu comportamiento (ver a familiares, amistades), que no te culpen de algo que ya está decidido por él. Busca ayuda emocional, pues estos son golpes duros que la vida nos da y tenemos que reforzarnos emocionalmente.

Te pregunto: ¿Si lo que él piensa que va a ocurrir no ocurre, lo aceptarías? ¿Entonces, como te sentirías, como plato de segunda mesa, o de tercera? ¡Tú vales más que todo eso!

Prepárate para tu divorcio, ten dignidad. ¿Qué puede pasar? ¿Que él se dé cuenta de que te pierde? Eso no es tan malo, ¿verdad? Al darte tiempo tú, te darás la oportunidad de haber recuperado tu sentido común y poder decirle, que él no supo apreciar quién eras. Si de verdad en algún momento sintió algo por ti, te darás cuenta y entonces sí sabrás la decisión que tienes que tomar.

Ahora, si lo persigues, confirmas en él que no vales nada. ¡No pidas limosnas, no eres una mendiga!

Recuerda que tú eres el ejemplo de tus hijos.

Abrazos,

Doctora Isabel

Mujer abandonada

Doctora Isabel:

Mucho gusto saludarla. La admiro mucho. Yo me atrevo a quitarle un poco de su tiempo para pedirle un consejo, ya que no me atrevo a llamarla porque la he recomendado tanto que no quisiera que nadie se dé cuenta que soy yo. Mi esposo y yo tenemos muchos años durmiendo en cuartos separados. Eso me ha hecho sentir muy sola. Aparte, él es muy ermitaño y yo también me he hecho igual, no tengo amistades, no tengo a nadie con quien hablar. Estuve tomando Celexa por seis años pero la dejé de tomar; tengo un mes de no tomarla pero me deprimo mucho. Cometí un gran error.

Me reencontré con mi primer novio; solo por chat nos encontramos en Facebook. Pero me siento muy confundida, no sé si es por lo sola que estoy, me siento como muy enamorada y me deprimo mucho más. Trato de ya no hablar con él pero no tengo voluntad. Al principio él era muy amable, él también está casado y dice que quiere a su esposa. Pero cuando lo borro de la cuenta de Facebook adonde estamos solo él y yo, me busca a mi cuenta regular y tengo miedo porque estoy sufriendo por ese sentimiento. Hasta le he pedido a mi esposo que si no cambia prefiero divorciarme y no cambia, sigue en otro cuarto. Tenemos veintiséis años de casados; tengo cuarenta y seis años y mi esposo sesenta y tres y diez años durmiendo en cuarto separados. Por favor deme un consejo o regaño, lo que pueda. Gracias.

Hola amiga:

Solo de leer tu carta siento tu desesperación. Pero no sé cómo ni por qué has estado diez años soportando este comportamiento de tu esposo, y el comportamiento pasivo tuyo, por no hacer nada. Pero ahí está el problema, no haces nada con tu matrimonio, sin embargo se te ocurre estar platicando con alguien que fue tu primer novio, y que además está casado. Ahí se te convierte tu comportamiento pasivo en uno pasivo-agresivo, ya que así te estás cobrando el abandono en que estás. No comprendo por qué tienes que copiar el comportamiento de ermitaño de él, al igual que le dices que si sigue así, te divorciarás pero, otra vez, no haces nada. Tú puedes ir a la corte a buscar los papeles para el divorcio. Ese derecho de separarse legalmente no es solo de los hombres. No conozco cuál es tu posición económica, pero siempre es mejor consultar a un abogado, y tienes que ir preparada y con la decisión de lo que vas a hacer.

Sí creo que debes separarte, no porque estés enamorada de un imposible, de una fantasía, sino porque tienes que tener integridad y dignidad. Es verdad que ya caíste con tus mensajes por Facebook, pero eso no tiene que atarte. Toma la decisión que te liberará y al mismo tiempo restaurará tu autoestima.

Yo no sé ni lo que le pasa a tu esposo ni las razones que él tuvo de irse a dormir a otro cuarto. Pero sí sé que si continúas con esta soledad espiritual sin buscar ayuda y sin tomar tu antidepresivo, seguirás empeorando. Hay programas, como los de CoDA (Co-Dependents Anonymous), que te pueden ayudar a llenar un poco tu vacío emocional y a modular tus estados depresivos. Sí, creo que necesitas ayuda, y estos serían los primeros pasos.

Sé tú el escritor del libreto de tu vida.

Doctora Isabel

Hombre demasiado celoso y obsesivo

—o—

Hola Doctora:

Soy Angelina. Me da gusto por la presente saludarla esperando que esté bien. Quisiera que me dé un consejo. Tengo treinta y cinco años, tengo dieciocho años de casada y tres hijos: una hija de diecisiete años, un niño de catorce años y un niño de nueve años.

Tengo problemas en el matrimonio. Siempre han sido los mismos; no he podido hacerlo cambiar y cada día siento que me asfixio. Los problemas son que mi esposo es celoso, posesivo, quiere toda la atención para él, no deja que trabaje ni estudie, solo quiere que me dedique a la casa. Ya no sé qué hacer.

El colmo fue cuando fuimos a misa un día. Ahí empezó a maltratar, enojado porque alguien más se sentó en la banca en donde estábamos sentados mientras él iba al baño. Viendo que cuando regresó no podía sentarse al lado mío, me tuve que salir para no hacer una escena en plena misa. Deme un consejo de qué puedo hacer. ¿Qué puedo hacer?

Hola amiga:

Vivir como vives es una tortura. Cuando lo conociste quizás te sentiste muy halagada, pues él quería ser todo para ti... ¡hasta tu carcelero!

Esta clase de hombre tiene una necesidad excesiva de controlar la vida de la pareja. Por medio de controlarte, él puede acallar sus temores de ser abandonado. Él no sabe cómo conquistarte con amor, sino con control. Tu marido se siente que tiene poco valor, aunque te demuestre que es poderoso. *No* lo es, es como un niño, el cual tiene temor a que no le amen o lo acepten, pues realmente alguien le hizo creer que no lo valía.

Sé que muchas veces has dado excusas de su comportamiento, quizás porque realmente sabes que él no fue amado o estimado de niño. Llega el momento en que no importa lo que hagas para asegurarle que tú lo amas, nunca será suficiente.

Tienes que comprender que el comportamiento de tu pareja es una forma de abuso emocional, y de ahí a un abuso físico es un paso.

Tienes que decirle que hay que buscar ayuda terapéutica para los dos, que tú no puedes continuar con él si no es así. Esto tienes que hacerlo cuando no hay crisis. Asegurarle que lo amas, para que no se altere. Si te dice que no va, entonces le dices que tú sí irás a buscar ayuda emocional.

No debes mantenerte aislada. Espero que tengas alguien en quien puedas confiar, por supuesto no un hombre. Una de las características del hombre posesivo es el de hacer todo lo posible por ir distanciando a su pareja de toda relación social, solo para controlarte y que tú pienses que lo que te ocurre es lo normal en un matrimonio.

Encuentra ayuda local en centros de violencia doméstica; para averiguar más también puedes llamar a la línea nacional de violencia domestica: 1-800-799-SAFE (7233).

Tú tienes el poder de cambiar.

Doctora Isabel

Mujer con relación afectada

～o~

Doctora Isabel:

Primero que nada, la felicito por la manera que responde a cada problema que le consultan; la admiro por eso y siempre escucho su programa.

Le escribo porque estoy confundida en mi matrimonio. Tenemos dieciocho años juntos con tres hijos y pasamos problemas de infidelidad y malos entendidos por cosas que mi esposo hacía. Yo fui con un psicólogo y él me ayudó mucho a salvar nuestra relación. Mi esposo nunca quiso ir.

Hace tres años que él cambió, le recuperé totalmente la confianza, se lo ganó pues a pesar de todo siempre ha sido muy bueno como esposo y padre y yo reconocí que también tuve culpa por mi carácter. Nuestra relación es de lo mejor como siempre lo deseé, solo que ahora yo me he vuelto fría y él dice que ya no lo amo. Yo le digo que sí, pero que con tantas decepciones hizo que se apagara algo del gran amor que sentía por él y que cuando yo le pedía todo su amor no lo hizo. Yo quiero estar con él porque valoro mucho todo lo que hace.

Ahora él es el inseguro y yo me siento plena y quiero estar con él pero no sé si se acabó mi amor y es costumbre, o lo amo pero más tranquilamente. Le dije a mi ginecóloga que antes me encantaba tener relaciones y ahora solo dos o tres veces por semana, que si estaba bien pues ya no siento ese deseo por mi esposo y me dijo que sí porque tengo ya treinta y seis años, que era normal.

Estoy confundida y no sé qué me está pasando. A veces creo que deberíamos terminar antes de que me vuelva a ser infiel o yo lo llegue a rechazar totalmente. ¿Será que tengo miedo a dejarlo y arrepentirme después y por mis hijos, o realmente lo amo pero con más madurez? Espero me haya explicado bien y me pueda aconsejar, muchísimas gracias.

Hola resentida:

Te llamo así para que reconozcas que ahora estás sacando tu resentimiento y reflejando tu temor a lo que pueda ocurrir. Con solo treinta y seis años no es natural que te sientas fría; quizás fría en la cabeza, donde están tus pensamientos que te atormentan pues tienden a ser negativos. La realidad es que debes seguir encontrando para ti paz en tu corazón y seguridad en tu espíritu.

Nadie tiene la seguridad de que alguien va a estar ahí para siempre, ni tampoco que te ame para siempre. Lo que sí tienes es el día de hoy el presente, que por lo que relatas no es malo.

Vive con pasión cada día de tu vida, es lo único que se nos garantiza: un día a la vez. Si asistieras a programas como los de Neuróticos Anónimos, o los de CoDA (Co-Dependents Anonymous), ambos basados en los doce pasos, aprenderás a reconocer la responsabilidad tuya y a cambiar tus errores en lecciones que nos da la vida. Recuerda que el deseo sexual comienza en la cabeza. Al limpiarla, al practicar el perdón a los demás y a ti misma, te sentirás con más deseos de unirte a él en el sexo. No tires tu vida del presente por el pasado.

Comienza a vivir transformada. Te deseo lo mejor.

Tu doctora Isabel

Relación por Internet

~ 8 ~

Hola mi Doctora:

Tengo una relación de casi dos años por Internet con una mujer de mi edad con una niña de cuatro años; una mujer muy trabajadora y dedicada a su hija. Tenemos planes de estar juntos pronto ya sea aquí en los Estados Unidos o en México. Pero mientras eso sucede resulta que a ella le encanta el baile y dice que no lo dejará por ahora; ya cuando estemos juntos será otra cosa.

Cabe aclarar que los bailes son en fiestas familiares o con la familia presente, pero fiestas hasta muy tarde o de plano hasta amanecer, y eso a mí no me gusta y he pensado seriamente en dejar esta relación. Quisiera una opinión de usted Doctora por esta vía ya que no siempre puedo escuchar su programa tan excelente.

De antemano ¡gracias!

Hola amigo:

No me dices la edad que tienes ni la de ella. Solo voy asumir que son jóvenes y que su deseo de bailar es algo muy sano. Creo que además del contacto que tienes por Internet, si te es posible, irla a conocer en el ambiente de familia y ver su comportamiento en los bailes es conveniente; si no te gusta su ambiente familiar, te garantizo que no te gustará ella.

Mi pregunta es, con la cantidad de mujeres que hay aquí en los Estados Unidos, ¿por qué no buscas aquí en tu patio una mujer con la que puedas compartir y conocer en persona? Conociendo a su familia y cómo se comporta, no solo escribiendo pero con su familia, con el trabajo... con las amistades. Recuerda que los correos electrónicos pueden aguantar mucha fantasía y muchas mentiras.

NO seas iluso, bájate de esa nube.

Tú tienes el poder de cambiar.

Tu doctora Isabel, por siempre

Mujer que se enamoró de un amigo

Hola Doctora:

Soy una mujer de cincuenta y ocho años. Cuando cumplí los cuarenta me casé muy enamorada y muy ilusionada. Mi matrimonio empezó con mucha desconfianza y muchos secretos. Todo esto por parte de él, sin ninguna razón ni motivo. Me divorcié de él, pero yo seguía muy enamorada

Pasó el tiempo y siempre nos estábamos llamando, me visitaba, salíamos, nos ayudábamos en algunas cosas, etc. Esto fue por dos años, nos casamos otra vez, le di otra oportunidad. Vivimos juntos como once años, pero nunca volvió a ser igual. Siempre demasiado callado, mal carácter, y casi no teníamos relaciones sexuales. Peleábamos mucho por todo, y me sentía angustiada, triste, sola (a pesar de seguir casados). No me ayudaba económicamente y vivía en mi apartamento, uno que yo compré después de divorciarme de él.

En el trabajo tenía un compañero muy bueno, teníamos muchas cosas en común. Nos enamoramos sin siquiera darnos cuenta. No salíamos, no teníamos relaciones, solamente hablábamos. Hasta que un día me invitó a salir y me confesó su amor. Volvimos a salir, tuvimos relaciones, nos llamábamos constantemente.

Hasta que un día él se enteró, lo negué, pero fue inútil. Nos separamos hace cuatro años, pero no he podido superar esto. No puedo con mi conciencia. He tratado de pedirle perdón, pero él no quiere perdonarme, dice que ya olvidó todo, pero no es así. Veo en su mirada el odio hacia mí.

Ahora estoy sola, triste otra vez porque mi amante tenía otra relación (muy extraña, viven juntos solo por lo económico, pero eso es otra historia). Todavía mi amigo me llama, trata de buscarme, pero yo no quiero nada. Por favor dígame cómo se puede superar esto. Solo le pido a mi Dios que me perdone y si algún día me lo merezco me ponga a un buen hombre en mi camino. Le diré que yo me enamoré de mi amante y él de mí también. Pero eso no es lo que quiero para el resto de mi vida.

Hola amiga:

Así es la vida de caprichosa. Esperaste a tus cuarenta para casarte, con mucha ilusión y enamorada, pero lo que te imaginaste no lo fue.

Hay veces que uno se cansa de esperar y cuando crees que has logrado lo que buscabas, no es lo que esperabas. Pero trataste de amarlo, trataste al fin de dejarte amar, pero no fue la relación como tú te la imaginabas. Ese compartir con tu compañero, el caminar juntos, el hablar, eso es lo que la mayoría de las mujeres buscan. Él tenía muchos secretos, no me explicas cuáles fueron, pero lo que sí entiendo es que no compartía su vida interior contigo; básicamente no te sentías confiada ni amada por él.

Hiciste bien en separarte de él. Pero quizás por la soledad regresaste a él por segunda vez. ¿Y él vino a buscar qué? Me pregunto. Él fue callado, no te buscaba y casi no tenían relaciones sexuales. Tú aguantaste por once años más, inclusive sin él ayudarte económicamente. Otro fracaso emocional más.

Te extraña haber atraído al compañero de trabajo, que te hablaba, que compartía contigo intelectualmente, que tenían paseos, que te llamaba y se preocupaba por ti. Te extraña que te enamoraras de él. Tenías hambre de atención y él te dio de comer.

Sé que tu conciencia te castiga, pero entiende que no debes hacerlo más. Es verdad que debiste terminar con tu esposo antes de seguir un camino que de seguro te llevaría a esa relación con el otro. Pero al menos sentiste esa sensación de que alguien te amara. Tu esposo no te demostró atención ni amor, yo creo que la responsabilidad de lo que ocurrió es tanto tuya como de él. Así que si te mira con odio, a lo mejor es que para él es mejor juzgarte a ti, que juzgarse a sí mismo.

Mira esto como otra lección de la vida y sigue adelante, pero tienes que aprender a amarte a ti misma. Aprende a mirar todo lo que eres, a apreciarte, a saber que sí te mereces ser amada, respetada, pero tienes que comenzar por actuar como que sabes que sí lo mereces y no como una mendiga.

Cuídate a ti misma.

Doctora Isabel

Con el corazón partido

Apreciable Doctora:

¿Qué me aconsejaría usted para recuperarme de un rompimiento con mi novio que me ha roto el corazón? ¿Cómo supero la tristeza y este sentimiento de depresión tan fuerte que siento?

Gracias por su ayuda,

Marilena

Hola Marilena:

Cuando el corazón se rompe, tenemos que ayudarlo a sanar. No se sana sin un compromiso personal tuyo.

Los siguientes *tips* te ayudaran:

1. Saca tus emociones, pues si aguantas los sentimientos que tienes adentro, el periodo de dolor se alargaría y te sentirás peor.

   - Cuando estés sola, llora; evita hacerlo en público. Un lugar favorito es en la ducha, ya que una vez que cierres el grifo, dejas de llorar.
   - Sé honesta con tu familia y amistades cerca de ti. Explícales que estás pasando por un momento difícil para

que te comprendan. Aunque saques tus sentimientos en persona o por medio de correo electrónico con aquellas personas muy cerca de ti, evita exhibir tus emociones en los medio sociales como Facebook o Twitter. Por seguro te arrepentirás en el futuro.

- Escribe un diario donde pondrás lo que sientes, además de escribir todo aquello positivo de esta relación, al igual que lo negativo.

2. En ese periodo de "luto" por la pérdida de esa relación, no lo veas ni hables con tu ex. No te hagas la fuerte, y digas "estoy OK", pues realmente no lo estás; si lo sigues viendo, más demorará tu sanación.

3. No te esfuerces por salir socialmente demasiado pronto, yendo a fiestear. Evita esa situación social por un tiempo.

4. Eso sí, haz algo para ti, como ir al gimnasio, leer libros, ir a un concierto de un grupo que te gustaba a ti pero no a él. Evita eventos donde sabes que él estará presente. Ahora sí debes salir con tus amigas, al cine o a una comida.

5. Tómate el tiempo para pensar en esa relación, escribe en el diario lo negativo, al igual que lo positivo. Recuerda todo lo que dejaste de hacer por complacerlo. Por ejemplo, seguir tus propias metas, seguir un *hobbie* o pasatiempo.

6. Regresa a tu familia si te separaste un poco con esta relación, eso sí, si te conviene. Si son tóxicos para ti, o te critican, no lo hagas.

7. Aprende a sentirte bien sola. Haz un viaje que has querido hacer; es la prueba de que ya estás bien.

8. Date tiempo a sanar las heridas del corazón y verás que esto será una lección más de esta vida.

El corazón es uno de los únicos órganos que se puede arreglar después de estar roto.

Doctora Isabel

Víctima de un tirano marihuanero

Dra. Isabel:

Quiero decirle que he leído sus dos libros de los pasos para el éxito en el amor y el éxito en la vida. He seguido muchos de sus consejos. Sin embargo, en lo que respecta a mi vida de pareja con mi esposo, las cosas no son tan fáciles de resolver.

La situación es como sigue: tengo seis años viviendo con él y me cuesta muchísimo trabajo sacar lo positivo de él. Desde que lo conocí estuve consciente de que era adicto a la marihuana, pero como su trato hacia mí era muy atento y caballeroso, pensé que no afectaba nuestras vidas, que era como fumar cualquier cigarro. Ahora me doy cuenta de que estoy equivocada. Hay temporadas en que mi esposo desea dejar la marihuana y es cuando se ponen las cosas mal. Bajo los efectos de la marihuana él está tranquilo, optimista, me escucha y la vida parece tan simple; es un excelente padre y esposo. Sin embargo, cuando no la fuma, se vuelve tirano, intimidante, grosero, es casi imposible convivir con él. Saca lo peor de mí, me dice cosas que me irritan y no me suelta hasta que me ve llorando o fuera de mí.

He platicado con él acerca de esto, y si está bajo los efectos de la marihuana se muestra accesible, pero me dice que no va a ir al doctor, pues le van a dar medicamentos y él prefiere la marihuana que lo hace sentir feliz. Si trato de platicar del tema cuando no está bajo los efectos, entonces me ignora deliberadamente o me contesta groseramente como si me odiara.

A veces pienso que puedo vivir así para siempre, y a veces pienso que mejor me divorcio. Tengo un niño de cinco años con él y otro de quince años de una relación previa. Ahora estamos pensando en comprar casa. Yo estoy muy animada para tomar el compromiso y él me dice que "sí" cuando está bajo los efectos de la marihuana y me grita que "no" cuando ya se le pasó; me acusa de materialista entre otras cosas. ¿Cuál es su consejo, Doctora?

Muchísimas gracias por la atención que le presta a la presente.

Griselita

Estimada Griselita:

¿Has pensado que tu esposo sabe que él tiene un problema emocional y por eso la marihuana lo calma un poco? El problema es que la marihuana puede que lo calme, pero esto tiene consecuencias secundarias peligrosas. Él posiblemente necesite un tratamiento y asistir a un programa que lo ayude a controlar sus emociones. Hay dos programas: el de Neuróticos Anónimos y el de Marihuana Anónima; son dos programas basados en los doce pasos.

Tú no puedes hacer nada que lo cambie; él es el que tiene que cambiar. Al mismo tiempo, pienso que se te ha olvidado que el comportamiento de él está afectando a los niños. Eso me preocupa muchísimo. Sobre todo el mayor, tiene que saber lo que él está haciendo. Pensará, "¿por qué mi madre acepta eso?". Puede que algún día te asustes de verdad cuando lo veas haciéndolo, si no lo está haciendo ya. ¿Entonces qué vas a hacer, botarlo? Tu hijo pensará que no lo amas a él.

Asiste a los programas de CoDA (Co-Dependents Anonymous), www.coda.org, o a los de Al-Anón, www.alanonsofla.org. Te pueden ayudar a comprender y aceptar lo que tendrás que hacer.

Te deseo suerte,

Doctora Isabel

Mi esposo usa cocaína

Doctora Isabel:

Recientemente me he enterado de que mi esposo está consumiendo cocaína y me gustaría que usted me ayudara enviándome toda la información posible sobre esta adicción. Yo hablé con él sobre esto y él prometió dejar de consumir esta droga. Pero yo dudo que sea fácil para él, y para mí también puesto que yo no he hablado con nadie sobre este tema que para mí es tán delicado porque tengo un hijo de once años. Ayúdeme por favor a tratar de resolver este problema.
Gracias y espero su pronta respuesta a mi problema.

Querida amiga:

La cocaína es una droga extremadamente adictiva. Cuando su uso se hace repetitivo y en dosis cada vez mayores, puede conducir a un estado de irritabilidad, inquietud y paranoia. Esto puede causar un episodio total de psicosis paranoica en que la persona pierde el sentido de la realidad y sufre inclusive de alucinaciones auditivas.

Es importante que tu esposo, no solo tú, entienda las consecuencias médicas del abuso de la cocaína.

Por ejemplo: ocurren irregularidades en el ritmo cardiaco, inclusive se puede llegar a un ataque cardiaco, dolores en el pecho y paros respiratorios.

Entre los efectos neurológicos están las embolias y convulsiones, al igual que los dolores de cabeza y las complicaciones gástricas que se duplican con dolores de estómago y náuseas.

Las investigaciones han demostrado que existe una interacción potencialmente peligrosa, y yo he recibido muchas llamadas en mi programa sobre las mismas, sobre todo entre los jóvenes, y es el combinar el uso de la cocaína con el alcohol. Cuando esto se utiliza conjuntamente cabe notar que es una de las causas más grandes reportadas de muertes del uso de dos drogas.

Es conveniente que le preguntes cuánto está usando, obsérvalo y también comprende que estás en peligro pues él puede perder el control de sus emociones. Hay programas llamados Familias Anónimas que unen a los familiares de aquellos que utilizan drogas y eso te ayudara muchísimo, sobre todo el saber que no estás sola.

Los programas de Cocaína Anónima o Narcóticos Anónimos son excelentes, y estos, combinados con medicina apropiada para esta adicción, son la mejor combinación para ayudarlo a combatir esta adicción.

Más adelante, los dos deberían ir a terapia de pareja porque durante su recuperación puede exhibir comportamientos extremos.

Hoy es tu día. ¡Cambia!

Doctora Isabel

La querida esperando ser esposa

~ 8 ~

Querida y estimada doctora Isabel:

No sé cómo empezar, pero justamente hoy me siento tan desesperada. Le cuento que hace dos años me separé de mi esposo con un matrimonio de diecinueve años. Es una bella persona pero, aunque lo quiero con todo mi corazón, es solo para mí un gran amigo que aún hoy todavía me enamora a pesar de que sabe que en mi vida existe otra persona. Él lo sabe desde que empezó este romance en el trabajo. Dejamos de vivir bajo el mismo techo hace dos años. La otra persona es casada y, aunque coincidimos en un matrimonio de años según me contó, a él le pasaba lo mismo. Él tiene un matrimonio solo de convivencia. Ya no hay relaciones íntimas, solo, según él, se acompañan.

Lo nuestro ya cumplió cuatro años. Nos hemos prometido vivir juntos y hacer una nueva vida. Yo ya di mi paso pero él no. Primero hubo que dar tiempo porque se le casaba el hijo mayor, después enfermedades en la familia incluyendo a la suegra que él estima mucho. Después operaron a la esposa y la hija pequeña empezó a presentar crisis de adolescente bien fuertes y, para terminar, ya le nace una nieta dentro de un mes. Me ha pedido que espere un poco más, ahora es que se está haciendo ciudadano junto con toda su familia y el cuento es que para dar su paso fuera de la casa dice que es mejor así.

Imagínese, estamos todo el día juntos, almorzamos, trabajamos, etc. Yo nunca pensé enamorarme de esta manera. De la parte mía fue creciendo pues cuando él me enamoró yo solo sentía curiosidad y un poco de gusto. Él es muy inteligente, como persona y amante. En estos cuatro años mi amor por él es ciego. Ya hasta he cambiado mi forma de ser. Yo era lo que se dice "muy mariposa", con mucha modestia, caigo bien. Tengo buen carácter y a veces, o casi siempre, tengo suerte para la parte masculina. Fue tanto mi entrega hacia esa persona que ya no existe nadie a quien mirar ni en quien pensar que no sea él. Me he enamorado como una adolescente de su primer amor.

Pero de tanto amor ya empezaron algunos problemas. Ahora hace unos días me regaña de forma sutil por los perfumes que uso, pues según él pueden traer problemas; me tengo que cuidar de qué perfume uso pues tengo de varios y al abrazarnos hay que cuidar que el aroma no se le pegue en la ropa. Ahora se cuida como no lo hizo al principio. Ya creo que no es el mismo, pero por otro lado es un amor conmigo. Los fines de semana son largos sin él. Solo nos mandamos mensajes por el celular y sé que no pierde oportunidad para enviarlos. Sé que me ama pero cuida mucho la otra parte. Me cuenta que la esposa es muy dependiente de él y que aunque no haya relaciones íntimas no le pierde ni pie ni pisada.

A veces no me creo nada y tengo días como el de hoy que me quiero ahogar en llanto y acabar de una vez por todas con esta situación. No soy una persona fuerte y sé que esto me va a afectar mucho pero creo que por otro lado ya no siento igual. En esta relación no hay salidas nocturnas y los encuentros son en mi casa casi siempre un día a la semana cuando descanso. No hay gasto monetario de dinero de su parte hacia mí, pues hasta esa parte está resuelta en mi propia casa.

Ya no somos tan jóvenes; él tiene cuarenta y ocho años y yo cuarenta. ¿Qué más vamos a esperar? ¿A que ya no podamos con los años o que se seque el amor de tanta espera? Le agradecería una respuesta. La necesito mucho y creo que hasta un sicólogo me hace falta. Tengo un vacío y no sé qué hacer.

Gracias por leerme Doctora, gracias por estar ahí. Un saludo y un abrazo fuerte de su lectora y oyente fiel. Para esta carta me llamaré Camila. Estaré pendiente para ver si tiene la santa paciencia de escribirme.

Que tenga un lindo día.

Querida amiga:

Al leer tú carta me recuerda a la misma historia de muchas mujeres como tú, que inclusive llegan a los sesenta años, todavía esperando que él tome una decisión. Así los años pasen, menos va a tomar él esa decisión. Pues hay un historial con su familia, los hijos, los nietos, su esposa. Sí, su esposa, que le ha aguantado todo esto por muchos años y no lo va a dejar ir. Él tiene el mejor de los dos mundos: una esposa que posiblemente sepa de su infidelidad, pero se hace de la vista gorda; y una amante, pues no te olvides que eso es lo que eres, que tampoco se queja y también le aguanta todo lo demás.

Hija, abre tus ojos, has perdido tu matrimonio por una ilusión, por una fantasía. Los fines de semana son tristes, él te amarra con sus mensajes de texto que son adictivos y que te hacen más dependiente de él. Con eso te alimenta, para que no pienses en más nada. Es un juego inconsciente quizás, pero maquiavélico.

No sé si tuviste hijos con tu primer esposo. De ser así, ¿qué piensan de tu vida secreta? Me imagino que no te sientes muy bien con esto.

Yo te recomiendo que comiences a asistir a los programas de CoDA (Co-Dependents Anonymous). Con las sesiones y los libros que hablan sobre este tema, poco a poco irás perdiendo las vendas de los ojos, irás recuperando tu sentido propio y verás que le irás dando poco a poco espacio hasta que llegue el día en que no lo extrañes, que inclusive te moleste que te llame.

Es un proceso, pero es posible. Acércate a alguna iglesia, sal con amigas, sé voluntaria. Haz algo diferente con tu vida, inclusive toma clases. Lo que no puedes hacer, pues te destruirá, es quedarte esperando la llamada que nunca llega o la visita que se pospone.

Mira tu realidad y te deseo lo mejor para tu espíritu.

Doctora Isabel

Esposo que ya no puede
más con los celos de su esposa

~

Doctora Isabel:

Soy oyente frecuente de su programa. Nunca pensé encontrarme en esta posición, pero hoy es una realidad. Tengo cuarenta y dos años, veintidós de casado y dos hijos varones, edades doce y quince años.

Al paso de los años se me fue haciendo más difícil soportar el carácter de mi esposa (celos extremos, control, posesiva, ninguna intercomunicación, ninguna capacidad para dialogar, nada realista). Ella es un obstáculo constante para mis ideas y proyectos. Me comencé a sentir solo, sin apoyo, y me falta el oasis donde descansar de mis presiones diarias. Soporté callado por estos años para proteger la estructura familiar pero me amargo y me frustro hasta desarrollar rechazo hacia ella.

Ahora he encontrado una mujer en la que tengo todo lo que me faltó. Sin embargo, la idea del divorcio produce un sentido de culpabilidad y de abandono que me consume en tristeza.

¿Cuál sería una solución racional y balanceada? ¿Cómo me arranco el sentido de culpabilidad y de protección por ella y los niños? La verdad no sé cómo otros hombres han podido dar la espalda tan fácil y radicalmente.

Gracias por sus consejos,

Josué

Hola amigo:

Primeramente, reconozco en ti a alguien que tiene conciencia y que se siente responsable por su familia, como debe ser. También es obvio que pudiste continuar tu compromiso con ella aunque enfrentándote a adversidades. Ahora encontraste a esa "persona ideal", pero no te olvides que ella sabe que tienes otra familia, y puede que también esté escapándose de sus propios problemas y llenando sus necesidades con una relación de fantasía.

Mi recomendación es que pongas el freno a esta relación, y sé que es difícil, pues ella está a su vez llenando tu tanque de amor y tus necesidades.

Si quieres terminar con la otra relación, puedes hacerlo pero hay un proceso por el que tienes que pasar: hablar con tu esposa, decirle lo desilusionado que estás, lo vacío y frustrado que estás. Tienes que expresar tus sentimientos. Deben los dos ir a terapia de pareja, para que una tercera persona pueda ayudarlos a ver los errores de ambos. En una relación siempre hay un por ciento de responsabilidad de cada uno.

En este proceso te darás cuenta de quién es ella realmente, por qué se comporta así, y puede que en algún momento quiera cambiar y luchar por salvar el matrimonio. Dale la oportunidad de rectificarse y tú también de rectificarte. Tienen dos hijos en edades bien difíciles, que todavía los necesitan.

Si te das un tiempo, pongamos ocho meses, a ver si hay cambios, y tú honestamente tratas también de hacerlo, pueden ocurrir dos cosas: o se arreglan y así no rompes esta unión que tiene una historia emocional, o determinas que es mejor separarse. Pero al menos es una opción que pueden explorar también con el terapeuta, y explorar las condiciones a seguir estando separados. Esto es lo más práctico y sabio que hacer. Si la decisión es separarse, entonces el sentimiento de culpa será menos, y si se quedan juntos, comenzaran a vivir una vida mejor como pareja, quizás aun mejor que antes.

Es obvio que eres un hombre con conciencia, y pensar que vas a poder llevar una doble vida con la otra, sin problemas con tu esposa, no solo no es realista sino que vivirás un verdadero infierno psicológico.

Se tú el escritor del libreto de tu vida.

Doctora Isabel

Nuestra religión nos está dividiendo

Hola Doctora:

Tengo problemas con mi esposo acerca de nuestra religión. No estoy de acuerdo con la clase de Iglesia a donde él asiste. Yo y mi hija estamos reuniéndonos en otra Iglesia. Eso ha causado mucho distanciamiento entre nosotros y me demuestra rechazo, enojo constante por nuestra situación. Él dice que no me sujeto a él y que nuestra hija está viendo todo este mal ejemplo al no sujetarme a él. Pero él tampoco ve que también tiene errores, y que no está poniendo el ejemplo de lo que profesa. Ayúdeme porque él está bastante indiferente. Me tiene mucho rechazo y se la pasa todo el tiempo mal humorado; en cuanto digo algo que no le parece se molesta mucho.

La religión a veces se ha convertido en un campo de guerra, y él me dice que una casa dividida jamás prevalecerá. Ayúdeme por favor. Yo no me he separado de la casa de Dios, pero para él, que yo asista a otra Iglesia con mi hija, es como si estuviera en rebeldía con él y con Dios. Yo le he dicho que ahí donde él se reúne no siento ni hay avance en nuestras vidas espirituales, y que necesitamos crecer, pero así en esta situación como estamos, lo dudo mucho. Espero que por favor me

> ayude. **Muchas gracias y que Dios me la siga bendiciendo como hasta ahora.**
>   **Sinceramente,**
>
>   **Rosita**

Estimada Rosita:

Qué tristeza que estén divididos, al parecer, por asistir a una Iglesia. Cuando dos se casan, deben de hablar de las cosas importantes personales, y por lo general está el practicar su espiritualidad y/o religión. Al igual que se habla de otros temas importantes, como el número de hijos, las finanzas y la relación con amistades y familia.

Si lo comparamos con un contrato de venta de casa, o de un negocio, y uno o los dos cambian cláusulas del mismo, eso puede causar que el contrato se haga nulo, ¿verdad? Como no sé si ustedes hablaron sobre los temas mencionados, o si uno de los dos cambió de idea en materia religiosa, eso tendrán que hablarlo y llegar a un acuerdo, o el contrato quedará nulo.

Es obvio que ni tú ni él son felices. Tu esposo lo demuestra con su mal humor, y tu hogar no está demostrando la existencia de la paz que se profesa en una familia donde hay fe y esperanza. Creo que ustedes deben asistir a una conserjería llamada pastoral, para que él pueda acceder a que si esa Iglesia a donde asistes es la que más te ayuda, entonces te lo permita. Ahora, dicho esto, mi opinión es que los dos están utilizando la religión como una forma de controlar una situación que va más allá del matrimonio.

Busquen ayuda, y realmente hablen de los temas que quizás están escondidos en esta situación.

                                                      Doctora Isabel

¿Alcohólicos Anónimos
o sinvergüenza anónimo?

Hola doctora Isabel:

Me da mucho gusto poder escribirle. Mi esposo participe en Alcohólicos Anónimos pero tenemos un conflicto porque yo no puedo entenderlo. Él tiene once años en el programa; yo no viví su alcoholismo pues tengo cinco años con él.

Lo que no entiendo es que él vaya todos los días y siento que no me dedica tiempo. Hay veces que viene a las siete a la casa y se va a las ocho para el grupo. Solo comparto con él unos minutos. Tenemos dos hijos. No siempre viene a las siete pero también él está en el día en la casa y se va a la sesión a las doce del mediodía. Lo que no entiendo es que cualquier momentito que tenga se va para el grupo. Yo sé que me quiere mucho pero hay veces que no lo entiendo tanto.

Él necesita del grupo como yo necesito de mi esposo.

Mil gracias por todo. Deme un consejo suyo.

Hola:

Realmente no sé los detalles completos de tu relación con él. Pero sí te puedo decir que si él es un alcohólico de verdad, necesita ir al programa para el resto de su vida, pues las reuniones y el compartir son lo que lo mantiene en línea. Bien dices que no viviste su alcoholismo. Si lo hubieras vivido, quizás comprenderías por qué tiene que asistir a esas reuniones.

Me dices que por su comportamiento sabes que él te quiere. Si analizas su comportamiento cuando él está contigo, y él es atento contigo, no te quejes.

Por lo general estas reuniones son de una a dos horas. ¿Él regresa a su casa y está contigo? Entonces eso es que él necesita esas reuniones. Vamos a ser inteligentes con esto. Primero debes hablarle y decirle, en vez de pelear, que tú quieres entender más eso de las reuniones, que tú has aprendido que debes ir a las reuniones de Al-Anón para entender bien el proceso y así pelear menos.

Por lo general, aquellos que se sienten atraídos a los alcohólicos tienden a ser codependientes, es decir, quieren tener total control sobre su pareja. Eso tampoco es sano.

Lee los libros que él lee, además de los tuyos. Hazle preguntas de su programa, solo con el interés de aprender más sobre el tema. Yo sé que como mujer lo necesitas, pero si él comienza a tomar otra vez, menos lo tendrás. A Al-Anón lo puedes encontrar en las páginas de Internet poniendo tu código postal.

Déjame saber,

Doctora Isabel

Relaciones y preocupaciones familiares

Mujer con infancia abusada

Buenas doctora Isabel:

La escucho todos los días en mi trabajo; no me la pierdo y estoy aprendiendo de todo los consejos que usted da por medio del radio y se lo agradezco de corazón. Yo creo que yo también necesito ir a CoDA. Tengo muchos problemas de baja autoestima y mucha depresión; incluso cuando yo tenía ocho años tomé veneno para las ratas porque mi papá me golpeaba demasiado. Él era muy estricto conmigo y con mi madre y yo lo que quería era morir y gracias a Dios que no me pasó nada, pero quedé mal. Tengo mucho rencor en mi corazón y siento que todo el mundo me quiere hacer daño.

No sé qué me pasa. Tengo cuatro hijos, tres casados y una soltera. Yo fui muy buena con ellos, nunca los golpeé porque no quería que pasaran por lo que yo pasé. Fíjese que me casé a los trece años y enviudé a los dieciocho. Él tuvo un accidente cuando él iba con otra mujer.

Ay Doctora, si yo le contara todo lo que he pasado. No tuve niñez y solo quería salir del infierno en que mi padre nos tenía a todos. Ayúdeme por favor, necesito sacar todo esto que siento. Me está acabando, ya soy abuela de tres y los amo.

Bueno Doctora, me da pena porque usted tiene muchas personas que ayudar. Yo se lo agradezco de antemano. Dios la llene de bendiciones a usted y a toda su linda familia. ¡Le mando un beso y un abrazo muy fuerte!

Estimada amiga:

¡Cuánto dolor tienes que haber pasado en tu niñez! Fue robada con golpes y obviamente perdiste toda esperanza y confianza en este mundo, ya que tus padres en vez de elevarte para que llegaras a tu máxima posibilidades, te destruyeron. Pero tu espíritu ha logrado sacarte adelante, pues en vez de volcar odio en tus hijos y nietos, los has amado.

Ahora, sí tienes que hacer algo con ese rencor que tienes dentro de ti, pues va socavando tu voluntad de ser mejor y de ser feliz. No permitas que aquellos que te hicieron daño destruyan tu presente. Cada vez que te llegue un mal recuerdo, piensa en algo lindo que está pasando en el presente, como la carita de un nieto o nieta sonriéndote.

Vive el presente hija, di afirmaciones sobre tus logros pues son muchos. Enséñales a tus nietos el poder del perdón, el amor y la determinación.

Entra a la página de CoDA (Co-Dependents Anonymous), www.coda .org, o mándame a decir en qué ciudad estas, y te ayudo a encontrar un grupo en español.

¡Adelante!

Doctora Isabel

Mujer con hijo en adicción

~§~

Hola Doctora:

Me gustaría haberla llamado por teléfono, pero a la hora del show estoy en el trabajo y me es imposible. Tengo dos hijos, uno de catorce años y una nena de nueve. Un divorcio hace cuatro años y una nueva pareja hace tres. El problema es mi hijo de catorce.

Hace como mes y medio mi esposo descubrió unos papelitos en la ventana de su cuarto; eran restos de cigarros de marihuana. Claro que hablé con mi hijo y no eché de cabeza a mi esposo. A mi hijo le dije que andábamos limpiando las ventanas y le hice antidoping.

Me juró que no lo iba a volver hacer. Pero como quince días después le hice otro y volvió a salir positivo. Tuve otro problema con él en la escuela: tenía cinco faltas en una clase él dijo que por estarse con los amigos no entraba. Pero yo lo regañé mucho y feo y le dije que yo no quería huevotes ni marihuaneros en mi casa, le quité el celular y le dije que no lo quería ver con esos amigos. Pero ese fin de semana se fue con su papá. Y hasta ahora ya no quiso volver conmigo. Su papá lo cambió de escuela y siento que me muero porque no está conmigo.

No sé qué hacer.

Hola amiga:

El problema de la marihuana es extenso, aunque muchos no lo consideren así. Primeramente, el uso de la marihuana hasta ahora es ilegal, y creo que debes hablar con el papá del hijo tuyo, pues él tiene ahora que ocuparse también de esto.

Segundo, hay que tratar de conocer por qué lo hace, es importante saberlo. Hay jóvenes que la usan por estar en un grupo de amigos, otros lo hacen para sentirse mejor, pues tienen mucha ansiedad. Debes tener una conversación también con él, para saber por qué lo hace. El punto principal a mencionarte es que este problema afecta a los jóvenes más que a los adultos.

Los jóvenes no han concluido el desarrollo completo de su cerebro, y esto les puede marcar su desarrollo social y emocional de una forma negativa. Si además continúa faltando a clases, no está cumpliendo con la única obligación que se les pone a los jóvenes de este país que es ir a la escuela.

Lo primero es que hables con su padre de lo que ha estado pasando. No sé cuál es el arreglo legal que ustedes tienen con respecto a la custodia de este muchacho. Basado en ese arreglo tienen que trabajar juntos en esto. Si el padre no es una persona responsable, tienes entonces que tomar acción legal para que esto ocurra.

Ve a la escuela y mira el registro de tu hijo ¿Sigue faltando, o no? Basada en la información que tengas, y haciéndolo lo más diplomáticamente posible, trata de llegar a un acuerdo con el padre para que ustedes dos se ocupen correctamente de él.

Puedes ir a la página web Habla con tus hijos (theparenttoolkit.org /es/) para instruirte en esto.

Hoy es tu día. Cambia la situación.

Doctora Isabel

Mujer que fue traicionada
por su hermana

~§~

Hola Doctora:

Me da gusto encontrarla aquí, la admiro y me ha ayudado mucho en mi superación personal. Sabe que mi vida es una gran telenovela, no tan feliz al principio, pero la verdad que a veces he querido hacer un libro de mi vida porque es increíble.

Mi ex esposo tuvo un hijo con mi hermana menor y yo tuve cinco abortos involuntarios. Así que cuando mi hermana tuvo el bebé que es de mi ex, yo lo adopté ya que ella pensaba darlo en adopción, pero le doy gracias a Dios que mi niño se quedó conmigo y ahorita ya creció. Él es el regalo más grande del mundo.

Lo amo con todo mi corazón. Creo que Dios, a través del dolor tan grande que sentí cuando eso pasó, supo muy bien acomodar las cosas. Le digo, todos decían que estaba loca, que no podría amar a ese bebé, pero no es así. El amor de Dios a través de una madre adoptiva lo puede todo.

Sabe que no importa de la manera que haya sido o pasado, simplemente puedo decir que mi amor por ser madre con la ayuda de mi Dios tan grande, lo ha podido todo y soy feliz

> **dentro de lo que cabe. No terminaría de narrar todo mi libro pero por ahora es todo lo que le puedo compartir.**
> **La quiero mucho,**
> **Dios la bendiga.**

Querida amiga:

En un mundo actual, donde hay aquello de ojo por ojo, diente por diente, es algo maravilloso recibir una carta como la tuya donde has practicado el amor hacia el fruto de aquel que te ha herido. Más que nada, has criado a ese bebé y logrado perdonar y seguir tu vida con tu amor.

Me has hecho recordar lo que en el Sermón de la Montaña Jesucristo nos quiso enseñar: "a cualquiera que te hiera en la mejilla derecha, vuélvele también la otra". Muchos malinterpretan esto de la mejilla. No es que le pongas la otra para que te den una bofetada, es para que mires al otro que te hizo daño por otro ángulo, de ahí, al enseñar la otra mejilla, estás haciendo eso.

No podemos continuar pagando el mal con otro mal, pues entonces ¿cómo vamos a salir de este embrollo? Comprendo que eso no quiere decir que te expongas a que te continúen hiriendo, es obvio que no lo hiciste, ya que no continuaste con tu marido.

Nuestro comportamiento, positivo y amoroso a la larga, es un ejemplo y lección para los que nos rodean. Te felicito, y cuéntame más de tu novela, creo que serán más las lecciones que puedes compartir.

Tu amiga,

Doctora Isabel

Primos que se enamoraron

~§~

Doctora, necesito de sus consejos:

Estoy enamorada de mi primo y tenemos una relación de cuatro años a escondidas de nuestra familia. Lo peor de todo es que tenemos un bebé, noticia que desconoce nuestra familia porque obviamente piensan que es de mi antigua relación.

Mi bebé cada día se parece más a él y no sé qué hacer o cómo arreglar todo esto. Tengo miedo de que tarde o temprano mi familia se entere de toda la verdad, aunque ya hay comentarios de que yo tengo algo con mi primo. Sé que sería una decepción para toda la familia, en especial para mi mamá y mi tío, pero es algo más fuerte que nosotros.

Mis hermanas están enteradas de todo pero yo se los sigo negando y mientras no lo acepte, no hay pruebas de nada. Aunque después de los rumores que mi mamá escuchó quiere hacerle una prueba de ADN a mi bebé.

Necesito de sus consejos urgentemente.

Estimada amiga:

No me dices de dónde eres, y te contestaré de una manera general.

Esta pregunta la he recibido de diferentes maneras, y siempre con la frustración que significa para los enamorados que a escondidas se ven, como en el caso tuyo, y tienen hijos, los cuales no pueden llevar una vida normal con sus padres. Déjame explicarte el porqué de ese "tabú" que ustedes enfrentan.

Hace mucho tiempo, tanto las Iglesias cristianas, como las católicas lo censuraban. La razón era que en parejas formadas por personas sin lazos familiares, el riesgo de que un niño naciera con problemas graves, como espina bífida o fibrosis quística por mencionar algunos, era mucho menor en relación al que existía en las parejas conformadas por primos hermanos. De acuerdo con estudios recientes, el vínculo no lo consideran significativo para que nazcan niños con esos padecimientos.

De acuerdo con A. Molusky, profesor de Ciencias Genéticas y Medicina, los riesgos no son demasiado altos. Solo se pueden atribuir estos riesgos si las personas que siendo familia se unen, son portadoras de los mismos genes que causan enfermedades heredadas de ancestros en común.

Ahora, vamos a mirar legalmente si puedes o no casarte con él. En los Estados Unidos, en la mayoría de los estados, permiten estas uniones y en el resto, con restricciones. En el estado de la Florida está permitido. En Europa no hay restricciones, y en algunas partes del Oriente Medio, África y Asia se prefiere ese tipo de unión entre primos carnales. En América Latina no están prohibidas esas uniones, pero sí existen tabúes sobre esto.

Creo que después de esta explicación, a lo único que le tienes que temer es a enfrentarte a la familia y decir la verdad. Espero que ninguno de los dos esté casado, pues eso sería más problemático.

Te aviso que sería sabio analizar si en la familia hay alguna enfermedad que se pueda transmitir genéticamente. Ahora que tienes esa bella criatura, dedicate a llenarla de amor, atención y alegría. Habla con tu familia, diles la verdad, eso te liberará y después a disfrutar de ese bebe, que por algo se te ha mandado. Hay lecciones que aprender.

A lo hecho pecho dicen, y así debe ser. No temas enfrentarte y déjame saber. Por supuesto que él debería decirles conjuntamente contigo.

Doctora Isabel

Madre preocupada por el matrimonio de su hija

Estimada Dra. Isabel:

Me siento en una situación preocupante y por eso me decido a escribirle para pedirle ayuda en este problema. Tengo cuarenta y siete años, soy médica, tengo dos hijos, una de veinticuatro años y uno de diecisiete. Mi esposo tiene un contrato de trabajo fuera y por este motivo estamos mi hijo y yo con él, pero mi hija estudia en la universidad en mi país y hace dos años decidió casarse. Ahora me cuenta que ya la relación no es igual, que se siente sola. En fin, ella piensa que ya no la quiere.

Mi esposo y yo hemos aceptado a este muchacho como un hijo, ayudándolo económicamente. Mi hija me dice que él quiere estar saliendo con un amigo, que ella cree que se deben dar un tiempo para su casa hasta ver si las cosas mejoran. Le aconsejé que analizara bien las cosas antes de tomar la decisión.

Por fin no se separaron. Ella me dice que les va más o menos, que él está llegando tarde a la casa, pero que le dice que es el trabajo. Mi hermana me llamó desde mi país para decirme que el esposo de mi hija tiene una relación extramarital y le hace regalos obviamente con el dinero que le damos para el sustento de los dos, y que mi hija no sabe nada. Otra cosa es que hemos comprado propiedades a nombre de mi hija y en mi país todo lo que se compre en el matrimonio al divorciarse tiene derecho a la mitad cada una de las partes.

Me siento muy decepcionada, pero el gran problema es si le digo esto a mi hija. Disculpe doctora Isabel si no me entiende usted, la verdad es que tengo tanto peso en la cabeza que apenas puedo aclarar bien mis ideas, pero en esencia esto es lo que está pasando y por favor necesito su consejo.

Estimada amiga:

Primero te agradezco la confianza que has puesto en mí para ayudarte a tomar una decisión con tu hija y su esposo.

Aquí hay varias cosas que tenemos que mirar. Estás en la distancia, fuera de tu país, pero no es imposible que tú y tu esposo tomen ciertas decisiones que sí te corresponden. Muchas veces los padres, por ayudar a nuestros hijos, tomamos decisiones que realmente no son buenas. Una muchacha que tiene veinticuatro años y un hombre con "X" edad que decidieron casarse, deben tomar la decisión de vivir con lo que ellos pueden, o no vivir juntos ni casarse.

Pero ya sé, ya ocurrió, ¿verdad? Pues comprendo que si ella está estudiando querías ayudarla manteniéndola. Pero una cosa es mantener y otra es mandar dinero sin medida. Este es un punto que tienes que mirar con tu esposo y tomar una decisión de decirle a tu hija que la mesada será menos, que solo vas a mandar para lo mínimo, y el resto ambos tienen que buscar la forma de procurárselo.

Antes de tomar todos estos pasos, deben consultar con un abogado para ver qué se podría hacer para proteger las propiedades. Es muy tarde para un poder prenupcial, pero si ella sola está en la propiedad, y ustedes no, puede ser bien complicado, o quizás imposible.

Tu hija está pasando por momentos emocionales fuertes, pues yo sí creo que se imagina lo que ya tú sabes. Por eso me gustaría que le ofrecieras que asista a buscar ayuda terapéutica para ponerse más segura de sí misma, combinada más adelante con terapia de pareja, que no necesariamente tiene que ser para unir a la pareja sino para separarse en términos más amistosos.

Esta intervención la preparará emocionalmente para enfrentarse a una realidad que creo que ella sospecha. Como hablas con ella con frecuencia, podrás irte dando cuenta de cómo va con el día a día y con la terapia individual. Quizás ella te mencione lo que sospecha y tú sabes, pero es importante que esté recibiendo terapia ya para que le puedas preguntar si ella sospecha que él tiene una amante. Entonces le dirás lo que tú sabes, y lo que ella puede hacer. Respáldala con la terapia y con los otros gastos que mencione, pero de alguna forma este joven a quien ustedes endiosaron se tendrá que bajar del pedestal en que está.

Así que ya ves, tienes que ponerte en contacto con un abogado, un psicoterapeuta y mucha paciencia, pues este camino no es fácil y se necesita perseverancia para poderla ayudar. Él no va a cambiar de un día a otro, inclusive no lo hará. Una mentira como esa en una relación tan joven me da la impresión de que él no la amaba. Quizás se acomodó por lo que ustedes le dieron.

Buena suerte con este gran dilema a la distancia.

Doctora Isabel

Madre preocupada por
su hija con novio marihuanero

～§～

Hola:

Mi nombre es Alicia. Tengo una hija de dieciséis años y ella tiene un novio de diecisiete años. Él es un muchacho buenísimo, hasta un día que mi hija se dio cuenta de que el fumaba marihuana. Mi hija y él terminaron porque a él le molestaba que mi hija lo presionara que dejara la marihuana. Mi hija me lo confió. Yo llamé a la mamá de él y le dejé saber todo, pero él no sabe que fui yo quien le dijo todo a su mamá. Mi hija es una muchacha fuerte, yo sé que ella lo quiere, pero ella sufre por él y ha sabido mantener su distancia.

Yo a él le di confianza. Sólo me dice que él quiere a mi hija pero que él no es malo, y que él está pasando por problemas de su edad. Él dice que ama a mi hija y que por ahora es mejor que él esté lejos de ella, que él nos quiere mucho y que él desea que pronto todo sea como antes.

Yo no sé si decirle a mi hija que ya se aleje de él, o solo estar bien cerca de ella para saber lo que ellos hacen. Si vuelven o no, mientras tanto yo inscribí a mi hija al gimnasio, le busqué un trabajo voluntario en el hospital y es parte del marching band de la escuela. ¿Qué puedo hacer yo? Quiero ser sincera con su novio. Él se llama Javier. ¿No sé si debo decirle que yo

sé la verdad de por qué terminaron y pedir que se aleje? La
mamá de Javier lo enfrentó pero él lo negó.

   ¿Qué hago? ¿Qué debo hacer?

Hola mamá preocupada:

No compliques la situación que tienes. Es bueno ayudar a los demás
pero si él no quiere dejar la marihuana, y tu hija tiene el sentido común de
decirle que la deje, es mejor que no interfieras. Puede que con tu actitud
de ayudar, tu hija pueda interpretarlo como que no es tan malo fumar la
marihuana. Sé que él busca en el fumar calmar sus emociones, y él no es
mala persona. Posiblemente canaliza sus emociones fuertes de esa manera,
en vez de buscar otras avenidas más sanas para él.

Ya hiciste todo lo que podías hacer por ayudarlo. Deja que esto tome
su curso. El problema que tenemos con esto es que posiblemente no será
un acto criminal usarla. El peligro existe, pues no se han dictado paráme-
tros o reglas como edad, cantidad y revisión de potencia (según la FDA,
U.S. Food and Drug Administration). Sabemos que el alcohol es una sus-
tancia adictiva: mientras más temprano uses alcohol y más familiares tengas con problemas de alcoholismo, más vulnerable serás a las consecuencias
negativas de su uso.

Pues igual es con la marihuana, sobre todo cuando jóvenes la usan antes de su mayoría de edad. Javier ya tomó una decisión: él prefiere a "Mary
Jane" y no a tu hija. ¡Deja eso! No te conviene.

Te felicito porque tu hija tiene mucho sentido común.

Doctora Isabel

Mujer con matrimonio absurdo

Hola Doctora:

Estoy desesperada, cansada de un matrimonio con cuatro hijastros, tengo un solo hijo de una relación anterior. Mi esposo es nacido aquí y yo soy hispana. La cultura es diferente, esos muchachos no respetan, son malos estudiantes. Yo impulso a mi hijo a educarse, mi esposo trata muy despectivamente a mi hijo. Yo no me meto en nada de sus hijos, trabajo mucho y nunca tengo vida propia. Solo estoy pendiente de mi hogar pero mi esposo no lo valora ni respeta. Pagamos las deudas como roommates, pero además de eso nunca tiene ni para los zapatos de él mismo; todo va a mi cuesta. Me dice que yo fui la que me mudé a su casa, que me largue y que sus hijos son primero. Hasta me hizo hacerme un aborto que no fue un embarazo planeado. Estoy decepcionada y muy frustrada.

Quiero mudarme sin afectar a nadie. Yo no necesito nada material, solo un consejo. Me siento muy sola y no hay respeto ni amor. Llevamos siete años de matrimonio con hijos de él de dieciocho a once, que he ayudado a criar porque él tiene la total custodia. Pero cada vez que pasan con su madre regresan imposibles. ¿Qué hago?

Gracias.

Hola amiga:

Leo tu carta y busco una razón por la cual este matrimonio se pueda salvar, y realmente no encuentro factores importantes como respeto, comprensión, cariño, acoplamiento, ayuda económica u otro motivo. Por lo que me cuentas, me imagino que él te necesitaba para que lo ayudaras con los niños. Él no te respalda en eso y tú eres la mala en los ojos de sus hijos. Es obvio que él no te respeta a ti, y sus hijos menos. Es hora de que realmente te preguntes por qué estás en esta unión. Si es temor, temor a qué.

Tu hijo biológico también está sufriendo una situación que lo hace sentir menos cuando no hay razones para que lo sufra. Si necesitas levantar tu autoestima antes de tomar la decisión de dejar esta relación tóxica, te recomiendo que asistas a los programas de CoDA (Co-Dependents Anonymous) en tu área. En la página de www.doctoraisabel.net hay números de teléfono nacionales de ayuda. No dejes de hacerlo.

Lo peor que haces, es no hacer nada.

Doctora Isabel

Mujer con ex marido abusador

〜

Dr. Isabel:

Me estoy divorciando después de quince años. Mi esposo dijo que era mejor para "todos". Él es un ex policía, es muy autoritario, abusó de mí física y, especialmente, verbalmente. Tenemos dos hijos, uno de trece años y otro de once años. Tengo otro hijo de dieciséis años pero de otra relación. Me casé con él cuando mi hijo mayor tenía un año, y su padre biológico nunca ha estado en su vida. Él ve a mi esposo como su padre y lo llama así. Mi esposo fue muy malo con él, físicamente muy abusivo. Desde que mi esposo puso la demanda, mi hijo es otra persona, está feliz y sale muy bien en la escuela. Sin embargo, mis otros hijos son mi dolor.

Yo sufro de depresión bipolar, estoy en tratamiento y estoy estabilizada, con terapia y medicinas. Mi esposo quiso que tuviéramos una evaluación psicológica de familia, para determinar "qué tan incapaz soy de cuidar de mis hijos". El resultado es que él ganó la custodia principal. Tenemos custodia compartida pero él tiene la última decisión.

Yo no trabajé durante mi matrimonio porque él quería que me dedicara a los niños y a la casa. Él nunca estaba en casa, se iba de viajes sin la familia, hacía lo que quería. Él me daba $200 a la semana para comprar comida y me pedía los recibos para ver si no le "robaba". Hoy que tiene a los niños, toma todas las decisiones, no me pone en la información de emergencia para la escuela, los lleva al doctor y yo soy un "cero a la izquierda".

Me mudé a la casa de mis padres, lo único que yo recibí del divorcio fue mi auto y "alimony" por seis años. Mi hijo mayor está conmigo. Mi problema es que cuando me toca tener a mis hijos, solamente trece días por mes, sin supervisión, ellos son muy feos conmigo. Siento que me culpan a mí por el divorcio y me ven como poca cosa. No me llaman cuando no están conmigo, pero cuando están constantemente le hablan a su papá.

Dígame Doctora qué puedo hacer con mis hijos. Cómo hacerlos entender que los amo. Mi corazón está destrozado, pero sé que tengo que seguir adelante por lo menos por mi hijo mayor. Dígame por favor ¿cómo seguir adelante sin el amor de mis hijos menores?

Que Dios la bendiga.

Querida amiga:

Sé que es muy difícil lo que estás pasando, ya que el amor de tus hijos se ha enfriado, por lo menos el de los de él. En el caso tuyo, mientras estés en tratamiento y puedas probar que estás funcionando en tu trabajo, verás que con el tiempo, y mucho amor a tus hijos, ellos podrán encontrar la verdad.

Tú tienes un problema emocional, que es diagnosticable; el de él muchas veces no, pues él es un psicópata, ya que siempre se ha salido con la suya sin importarle a quién hiere. Es verdad que solo tengo un lado de la historia, pero hay detalles en tu carta que me permiten atreverme a calificarlo.

Si tu hijo mayor está mejor, y tú puedes sentirte más tranquila, entonces te estás encontrando con quien eres tú y eso es lo importante. Te recomiendo que no busques ahora pareja, demórate un tiempo, pues relaciones como las que tenías con él pueden volverte a encontrar. Los programas de Neuróticos Anónimos, son buenos para que encuentres comprensión y balance emocional, además del tratamiento que llevas.

Como tienes custodia compartida, sí tienes derecho de decirle a la escuela tú número de teléfono, tu decreto de divorcio lo tendrá. Tú tienes el derecho a que te llamen si a él no lo pueden contactar.

No les hables mal de su padre, ellos vivieron con ustedes y sí saben la verdad. Desgraciadamente, él los está comprando y está preparando el camino para convertirlos en seres como él, manipuladores y egocéntricos.

Trata de que los pocos días que están contigo lo pasen llenos de alegría, comidas de familia, y sin peleas. Poco a poco ellos entenderán o no. La vida y el tiempo se los enseñará.

Que Dios te proteja,

Doctora Isabel

Madre preocupado por su hijo

Hola Doctora:

Mi hijo es un buen niño. Él tiene siete años de edad y yo siempre me preocupo por su educación. Pero he notado diferencia en su comportamiento, y en la escuela el maestro me dijo que el niño sí anda muy inquieto, que no lo deja dar la clase. Igual con la señora que lo cuida después de la escuela; me da reportes malos todos los días, y en casa yo he notado que miente y que siempre llega a la casa con cositas chicas insignificantes pero no son de él y dice que se las encontró tiradas.

El punto y es que también me di cuenta de que la última vez que fuimos a México lo dejé que durmiera en casa de su papá y vio una película que no es para niños, es una película muy fuerte, salen muchas drogas y sexo, malas palabras, todo lo que yo le cuido de que no vea, y me di cuenta de que miró esa película. No sé si esa es la causa de su comportamiento. Ya estoy haciendo llamadas para ver si le pueden hacer una evaluación, si lo mandan con consejeros sicólogos o lo que ellos crean necesario. Pero me interesa su opinión porque siempre me consuelan mucho sus comentarios.

Estimada amiga:

Cuando los hijos presentan problemas, siempre es señal de algo que no funciona dentro de sus pensamientos. Tiene siete años y, si ha habido un cambio grande es su comportamiento, definitivamente tienes que llevarlo a un sicólogo infantil. En la primera entrevista, lleva escrito todo lo que te preocupa. Los maestros no solo deben protestar, sino señalar cuáles son los comportamientos que él presenta en la clase. Por lo general se lleva una libreta de apuntes con fecha y explicación de los comportamientos que exhibe en la clase.

Es obvio que tú y su padre no están juntos, y esta separación puede haberle causado dolor y temor con ansiedad. Es posible que lo que observó en casa de su padre le haya impactado. Pero muchas veces, la curiosidad que despertó lo que vio lo lleva a buscar imágenes similares en Internet. Espero que también le estés dando seguridad estando ahí para él, con amor, y compartiendo momentos agradables con él. No le des acceso a Internet sin tu supervisión, además de ponerle a la computadora "parental control". No dejes de llevarlo a ser atendido, habla con la maestra y explícale que estás buscando ayuda para él.

¡Muchísima suerte!

Doctora Isabel

Mujer con hija dependiente

Doctora Isabel:

Tengo un problema con mi hija de veinte años. La envié a Ecuador hace diez meses, y desde que llegó allí un señor de veinticuatro años la mantiene explotada económica y sexualmente. Él es casado con dos hijos, tiene demandas por abuso, mal trato, etcétera.

Logré traerla de nuevo hace tres días a casa pero está muy cambiada. Llora mucho, dice que se quiere ir de nuevo, que el señor le hace mucha falta. Perdió treinta libras, no tenía comida y mucho menos ropa. Ella vivía en un cuarto con el dinero que le enviaba para su mantenimiento porque supuestamente la dejé ir ya que su meta era estudiar en la universidad en Ecuador. Eso era más favorable para nuestra economía pero todo el dinero se lo quitaba el señor y no sabíamos hasta que me di cuenta de la verdad, no por boca de ella. Me siento triste, desesperada. Ella está incontrolable, grosera y llora todo el día.

Por favor doctora, ¿qué me aconseja? Yo no quiero que regrese porque lo que quiero es un mejor futuro para ella.

Gracias de antemano y la felicito por su maravilloso programa.

Madre desconsolada

Amiga mía:

Lo primero que tienes que hacer es reconocer que ella es una mujer que se enamoró de su carcelero. Él tiene veinticuatro años, es un abusador con cargos, y ella lo sabe.

Le explicas que si la trajiste es por su propio bien. Necesitas decirle que cuando pase un tiempo prudencial alejada de aquella situación, ella se dará cuenta de que no le conviene regresar con él. Entretanto, la tienes que poner en terapia porque definitivamente lo necesita. Asistir a los programas de CoDA (Co-Dependents Anonymous) la ayudará a abrir sus ojos.

Para que él la pueda explotar, alguien le tiene que dar dinero. Así que, si eres tú la que le da el dinero, no lo sigas haciendo. O sea, que ella comprenda que aquí puede estudiar, prepararse, trabajar y guardar sus propios recursos. Si después de un año se quiere ir nuevamente, que lo haga, pero tú no la debes ayudar para que lo haga. Mientras ella este aquí la podrás apoyar, pero ella debe comprender que quieres que se mejore física y emocionalmente para tomar una decisión. Que comience a tomar algunas clases, ya sea de Inglés, o de otras asignaturas que la ayudarían para su futuro.

Ten paciencia y dale cariño, que es lo que más necesita.

Doctora Isabel

Madre con hija con poca retención

Doctora:

Necesito de su ayuda. Soy madre soltera y tengo una hija de ocho años y quisiera saber cómo puedo ayudar a mi hija. Ya que le cuesta mucho aprender, no tiene mucha retentiva, lo que enseñan en la escuela un día ya el otro se le olvida.

Por favor, dígame qué hago.

Hola amiga:

Imagínate el cerebro con compartimentos. Los de la memoria son dos: uno de la memoria de corto plazo, y el otro, con más espacio, de la de largo plazo. Lo que entra en el de corto plazo, cuando se relaciona con otras cosas que ella haya aprendido, pasa entonces al de largo plazo. Repasar lo que aprendió en la escuela ese día es imperioso.

Tienes que hablar con la maestra y dile que tú quieres repasar lo que aprendió en la clase y así practicar con algunos ejercicios en la casa. Este tipo de niño necesita que se le repitan las cosas con frecuencia pero de una forma agradable. Por ejemplo, si está aprendiendo algo en aritmética, se lo practicaría mientras estoy manejando o caminando con ella. Hacer un juego con eso, cantando las tablas de sumar, o decirle: "si tienes dos manzanas y te quito una, ¿con que te quedas?".

Es tratar de utilizar todos los sentidos para aprender. Hablarle y hacerle preguntas de lo que estás hablando, eso le hace agudizar su sentido de atención. Hay veces que puede ser que ella está insegura de sí misma, puede sufrir de ansiedad. Pregúntate por qué está así, cómo está el medio ambiente del hogar, ¿hay problemas? Todo esto le puede estar afectando. Mira todos los ángulos de la vida de esta niña y comienza por hablar con la maestra para poderla ayudar.

Si esto continúa, aun con estas estrategias, la maestra tiene que referirla al equipo de la escuela, pues pueda necesitar de una evaluación sicológica educacional.

Con tu comprensión y paciencia ¡la ayudaras!

Doctora Isabel

Mujer preocupada por anciana abusada

~

Dra. Isabel:

Tengo una vecina que cuida a una señora mayor; es su tía abuela. Pero a mí me parece que la están maltratando. Hay veces que siento los gritos de ella y también los de la señora. ¿Qué puedo y debo hacer?

Hola:

Toda persona que esté sospechando de que un anciano está siendo maltratado debe informar a las entidades correspondientes al respecto, ya que los bienes, la salud y la dignidad de la persona pueden estar corriendo peligro. Esto es algo que ocurre con frecuencia, y muchos prefieren callar por temor a que las personas que comenten el abuso se enteren de que los han delatado. Quizás pienses que a lo mejor estás equivocada. Pero al llamar a la entidad que protege a los adultos en el condado, ellos harán la investigación manteniendo tu nombre en total anonimato.

Hay muchos ancianos que son cuidados por personas que reciben pago de parte de los familiares, y muchas veces estos no se dan cuenta de lo que está pasando. Si en este caso tú vieras a algún familiar venir a visitarla y la oportunidad se presenta, puedes conversar con esa persona sobre lo que estás notando. Pero para que no sientas temor, la mejor opción es llamar al la oficina de Elder Affairs de cada estado. Ellos te pueden indicar la entidad gubernamental correspondiente a este caso.

Muchos de nuestros ancianos, después de haber participado en la sociedad y haberse sacrificado por otros y por la familia, permanecen callados ante el maltrato mientras otros se aprovechan de ellos. Asumen esa actitud por miedo de quedarse solos; no protestan porque actúan como los niños. Los niños, cuando son maltratados, también suelen callar lo que sucede por miedo a que los separen de sus familiares y tener que enfrentar lo que no conocen. Es lo mismo que pude suceder con los ancianos.

Es tu deber civil el reportarlo, pues me imagino que emocionalmente esto tiene que estar impactándote, y posiblemente no te deja dormir.

Todo aquel que está leyendo esta respuesta y tiene personas mayores en su familia que han tenido que enviar a lugares para ser atendidos, por muy buenos que estos parezcan, que no los abandonen por mucho tiempo ya que eso aumenta en ellos el temor, y tengan por seguro que no van a decir que alguien los está maltratando. Sé que tenemos muchos lugares buenos para cuidar ancianos, pero si alguien no está muy seguro de lo que está pasando con su familiar, o si observa cambios en su estado físico o emocional, que a veces incluso hasta bajan de peso, preocúpense y repórtenlo. En el caso de quien nos escribe, no lo dudes y ¡repórtalo!

Doctora Isabel

Madre con hijo raquítico

Dra. Isabel:

Gracias por ayudar a mucha gente y mostrarles soluciones. Mi hijo de ocho años fue diagnosticado al año con "failure to thrive" (deficiencias en el desarrollo físico). Yo lo alimentaba con productos de buena calidad, pero se aburría y los rechazaba. Lo estuve llevando a terapia ocupacional en el Children's Hospital y también fue remitido a la clínica de salud mental de la Universidad de Southern California. Ahí dijeron que era algo psicológico, no hacían tanto énfasis en él; se centraron en los padres. En ese tiempo mi esposo y yo estábamos en proceso de custodia y separación.

Los doctores dicen que él es saludable, que no me preocupe que su cuerpo comenzará a pedir comer. Ahora sólo come alimentos blandos y líquidos. Rehúsa probar algo nuevo, ve la comida como algo dañino. También fue diagnosticado con retardo en el habla y para esto recibe clases especiales. Estoy preocupada por sus nutrientes y por todos los problemas que le pueden surgir cuando crezca.

Por favor ayúdenos, espero me responda.

Gracias,

Silvina

Querida amiga:

Este trastorno de tu hijo es algo que está proliferando. Los niños también se sienten afectados por las situaciones estresantes de la sociedad. Muchos pediatras están reportando en números significativos el problema del comedor quisquilloso. Hemos escuchado sobre problemas como la bulimia y la anorexia, pero ahora se está denominando al comedor quisquilloso como el síndrome de especialización en la comida. Es un niño que es altamente selectivo. Por supuesto que es normal que comiencen a ponerse selectivos a los dos o tres años, pues están probando alimentos regulares y, por lo general, escogen los que prefieren.

Tu hijo, cuyo diagnóstico es que no progresa físicamente, también puede tener complicaciones con el desarrollo emocional. Si los doctores te han dicho que no te preocupes, debes escucharlos.

Las posibles causas de niños con trastornos alimentarios son las siguientes: la ausencia de estructuras familiares sólidas, nuevas parejas de los padres, conductas enfermizas como ser una madre obsesionada, ausencia de límites impuestos en el niño por parte de los padres, que se les da demasiado. Sí creo que debes llevarlo a una clínica de ansiedad infantil. Allí hablarán contigo y con el niño pues consultar a tiempo a un profesional en sicología te puede abrir otras posibilidades. Muchas veces este comportamiento alimentario puede llevar a la fobia social de adulto. Puede que ya esté experimentando el miedo a crecer, a tener autonomía y a asumir responsabilidades. Detrás de todo puede estar el miedo a no ser aceptado, y le puede traer problemas en su educación.

Me pregunto si tú has padecido de estados de ansiedad e inclusive de alimentación. Cuando se mira a un niño así, tenemos que mirar la parte emocional en las personas importantes en su vida.

No dejes de llevarlo a un especialista. Estás a tiempo. NO lo fuerces a comer, deja que escoja sus alimentos, prepara las comidas con él y preséntale de todo que él puede probar. No lo obligues, es lo peor que puedes hacer.

¡Mucha suerte!

Doctora Isabel

Madre con hija incomprensiva

~⦿~

Estimada Dra. Isabel:

La felicito por su programa. La razón de estas líneas es que mi hija sufrió un embarazo fuera de lugar, y de ahí han salido a flote resentimientos que creía pasados. Ella tiene treinta y seis años, casada por casi doce, y recién empezó a planear tener familia.

Cuando cumplió siete yo me divorcié del papá, nunca la desatendí, pero ella se volvió rebelde. Después del matrimonio tuve varias relaciones y parece que no le prestaba suficiente atención. Después de que se casó, seguimos unidas pero en realidad siempre se quedó enojada en silencio. Al perder el embarazo, mi esposo llegó al hospital tres horas más tarde, pero yo estaba ahí. Por esta razón se han distanciado, no nos han invitado más a su casa. Ella dice que mi prioridad fue mi vida personal. Ella no tiene ni amigas, solo visitan los familiares de él. Por lo que la quiero le pedí perdón varias veces. Le dije que sumara lo bueno, mi cariño.

Realmente han sido largos y dolorosos meses. Ya pasaron como diez días desde nuestra última conversación donde terminé diciéndole que ella no tiene idea qué es una familia. Ni siquiera porque que soy su mamá, nunca se interesa por su

> abuela, sus primos, su medio hermana. Ella dice que no los necesita para nada. Su vida es su marido.
>
> ¿Puede aconsejarme algo por esta vía por favor? Estoy muy triste.

Estimada madre:

Las percepciones de los hijos pueden atribuir emociones negativas o positivas, según el tamiz por el que pasaron sus experiencias infantiles. No sé cuáles fueron las circunstancias de tu divorcio. Es obvio que te culpa de haber perdido al papá. Te está culpando de que lo que ella conocía como su hogar se esfumó. Puede que el padre haya sido el responsable, pero piensa que no hiciste lo suficiente para mantener el hogar. Se complica si el padre no continuó en su vida, o si hablaba mal de ti. La relación de un padre con su hija, sobre todo a la edad que ocurrió el divorcio, es bastante fuerte.

Si después buscaste en otros lo que no te dio tu esposo, ella se sintió sola porque no tenía al padre ni la madre. Estoy atando cabos para poder analizar su comportamiento, no para culparte. Comprendo que hiciste cambios en tu vida y trataste de ser una buena madre; ella no lo percibe así. El que no tenga amistades es significativo. De niña comenzó a pensar que era diferente, incluso que no la amabas ya que buscabas en otros lo que ella te quería dar, el amor, que a su vez pensaba no merecer aunque parezca contradictorio.

Dale tiempo, continúa preguntándole cómo está, no la abandones, no atiendas a sus desaires. No le reclames, trata de ganarte a su esposo. No hables del pasado. Si ella quiere hacerlo, déjala. Dile frases como: "siento que te sientas así, te quiero". No es pedir perdón, es simplemente dejar pasar sus sentimientos. Sé que es durísimo, pero pasará, con paciencia y compasión. Es necesario que tú igual busques ayuda para poder hablarle y ganar su confianza.

Me dejas saber.

Doctora Isabel

¿Que hago con mi hijo marihuanero?

～○～

Querida Dra. Isabel:

No sé qué hacer, ni cómo hablarle a mi hijo de doce años. Le encontré en su bolsa de la escuela marihuana. No sé qué preguntas hacerle; no se lo he dicho a su padre tampoco. ¿Qué me recomienda que haga? Espero su respuesta.

Hola madre preocupada:

Son muchas las cartas y llamadas que recibo respecto al uso de la marihuana y otras drogas en muchachos tan jóvenes como tu hijo. Lo primero que tienes que comprender es que no le debes tener miedo a enfrentarte a hablar con tu hijo de doce años sobre lo que encontraste en su mochila. Peor será que no le hables; sé firme pero comprensiva sobre esto.

Me imagino lo que primero te va a decir: que no es de él, se la dio un amigo para guardársela. Tú tienes que estar preparada para contestarle, sin perder tu control, que recuerde que la marihuana es ilegal, y que si se la encuentran en la escuela lo pueden hasta botar de la escuela y mandarlo a una escuela alternativa. Pregúntale quién fue el amigo que le dio esto. Muchos de los muchachos en las escuelas son los "corredores" de los que la venden afuera.

Si por fin te da el nombre, tienes que ir con esa información a una consejera de la escuela o a un asistente al director. Cada uno de nosotros es responsable por detener este problema de la distribución de las drogas en las escuelas. El pedir que se mantenga discreción con la información que traes es también importante.

Instruye a tu hijo acerca de los daños que causan la marihuana y las demás drogas. A veces, es la droga precursora a las demás y sobre todo la que se encuentra ahora es mucho más potente que la de años anteriores; es el proceso de establecer el hábito en el joven, para que siga buscando más.

Pregúntale si él se siente mal, cuáles son sus frustraciones o preocupaciones, establece una comunicación directa con tu hijo por medio de salir con él una vez a la semana. Demás está decirte que su padre no debe perder el control con él; una cosa es que se sienta decepcionado al igual que tú y otra cosa es darle la espalda. Tomen turnos en salir con él. Muchacho que sabe que mamá y papá se preocupan por él y le dan amor, rara vez cae en las garras de las drogas.

Es necesario que observen su comportamiento, comprendiendo que la adolescencia les trae cambios de temperamento frecuentes. Fíjense si hay depresión, pues muchas veces buscan en las drogas el poder sentirse mejor. Para su mayor tranquilidad, llevarlo a un sicólogo especialista en la adolescencia puede que les ayude exponiendo estrategias a seguir.

Presta atención a las nuevas campañas que van a comenzar en español para ayudar a los padres. Te proveerán información sobre cómo hablarles a los hijos.

Con paciencia, amor y disciplina lograrás superar esto.

Doctora Isabel

Mi hijo tiene obsesión con la perfección

Saludos cordiales Dra. Isabel:

Soy una admiradora y fiel radioescucha de sus programas radiales. Llevo escuchándola más de doce años y he aprendido muchísimo. ¡Muchas gracias!

Pregunta: Tengo un hijo de once años; él es muy inteligente y siempre tiene honores en su escuela (católica y privada en New York). Pero tiene emociones perfeccionistas y parecen extremas, al punto que si llega un poco tarde a la escuela, sin ser su culpa, o saca un 95% en un examen, llora mucho. La maestra se ha preocupado porque no habla y comparte con sus compañeros, y hasta ha dicho que la escuela es más importante que su familia, pero no es verdad, porque él es muy querido y somos una familia feliz, compartimos mucho con él.

¿Cómo lo puedo ayudar? ¡Dios lo bendiga!

Sofía

Hola Sofía:

No confundamos la inteligencia con los estados emocionales. No dudo de que tú le has demostrado a tu hijo que lo amas y quieres lo mejor para él. Ese perfeccionismo que mencionas, y su deseo de siempre quedar bien con sus superiores (escuela y padres) es reflejo de un niño con ansiedad, con un temor a que, si no es perfecto en la escuela, no lo acepten y lo boten, y en la casa no lo amen.

¿De dónde sale eso? Muchas veces es de los mensajes que, sin darnos cuenta, le damos a nuestros hijos. Por ejemplo: decirle, o el escuchar, sobre el sacrificio que ustedes están haciendo para que él vaya a esa escuela privada. Si analizas, hay muchos niños a los que quizás los padres les estén haciendo lo mismo, y a ellos no les importa. Pero a tu hijo sí, ya que tiene conciencia y entiende lo que hacen por él.

¿Qué hacer? Decirle que tú y su padre lo quieren con un 95% o con un 80%. Que todos en la casa y en la escuela saben que es un muchacho responsable, pero que en la vida él va a tener situaciones que no van a ser perfectas, y no puede llorar cada vez que eso ocurra. Que así es la vida, inclusive relátale algo en tu vida en que no te fue como esperabas. Explícale que lo que le pides es un comportamiento responsable, y si por alguna razón no saca la nota que esperaba, que analice por qué fue, y ya aprenderá para la próxima vez.

Camina con él, o haz "dates" con él una o dos veces al mes. Eso establece confianza. El abrazarlo, y decirle que lo quieres, siempre ayuda.

Abrazos,

Doctora Isabel

Madre alcohólica
preocupada por sus hijos

~∘~

Doctora Isabel:

Tengo cuarenta y cinco años y soy alcohólica. Mis padres también lo eran. Tengo dos hijos, pero no sé qué hacer. Mi pregunta es sobre mi hija de diecinueve años que es un mal ejemplo para el otro de catorce. El de catorce dice que se quiere ir a México porque dice que no aguanta la vida con su hermana.

Estimada lectora:

Leo tu carta, y la vuelvo a leer para entender tu situación. Primero, lo bueno es que reconoces que eres alcohólica, también que vienes de un hogar donde los padres también lo eran.

Mi pregunta para ti es si tu alcoholismo ha afectado en algo a tu hija, la de diecinueve años. ¿Es que ella también tiene adicciones y su comportamiento es errático, violento? ¿El tuyo cómo es? Comprendo que no todos los alcohólicos demuestran su comportamiento de una forma violenta, pero quizás el tuyo ha afectado no solo a tu hija sino también a tu hijo de catorce.

Me parece que tienes que tomar responsabilidad no solo de lo que ocurre en tu casa, sino de lo que les ocurre a tus hijos, sobre todo al de catorce años. Tu hijo es un menor de edad, él es tu responsabilidad. Él no puede determinar dónde vivir. Él sólo te está queriendo decir que tienes que hacer algo, pues no aguanta más esa situación. Significa que tú no estás tomando responsabilidad por el comportamiento de tu hija.

No me mencionas dónde vive el padre, ni las razones por las que tu hijo considera que su vida en México sería mejor. Quizás quiera a ir a vivir con su padre si él vive allá. Pero eso no es solución para esta familia.

El alcoholismo que padeces, ya que es una enfermedad, te ha afectado el poder de tomar las decisiones correctas y que tengan sentido común. Creo que es hora de que tomes la decisión de enfrentarte con la realidad de que tú necesitas ayuda: ayuda para tu alcoholismo, y para aprender a ayudarte a ti y a tus hijos. Nunca es tarde para asistir a los programas de Alcohólicos Anónimos, y llevar a tu hijo a los programas de Al-Anón. Sé más clara con el comportamiento de tu hija. Si ella también tiene adicciones, ayúdala. Hay muchos programas adonde la puedes llevar.

Tu ejemplo al reconocer tu problema sería un primer paso en dar la pauta que ellos necesitan.

Que Dios te proteja,

Doctora Isabel

Mis padres son adictos

~·~

Hola doctora Isabel:

Muchas gracias por todo su amor y entrega. Tengo treinta años y crecí con unos padres alcohólicos. Mi papá falleció de cirrosis y mamá está perdida en las drogas. Me siento muy frustrada y quisiera que me recomendara un programa de CoDA. Vivo en San Ysidro, California.
Muchas gracias.

Hola amiga:

Tu entorno familiar, que fue tan problemático y disfuncional, puso los cimientos emocionales de tu codependencia: si eres el tipo de persona que busca constantemente aprobación y confirmación, si dejas de reconocer tus propios logros, si te crees responsable de los demás y muchas veces te es fácil ocuparte de los demás pero te descuidas de ti misma. Enseñas patrones de codependencia. También te sientes que los demás te utilizan y has atraído personas a tu vida que son abusivas contigo. Si tienes dificultad en expresar tus emociones, y muchas veces te quedas en relaciones por el temor de la soledad, son solo algunas de las muchas otras características del dependiente.

Efectivamente, en los grupos de CoDA (Co-Dependents Anonymous) encontrarás personas como tú, que han decidido cambiar su vida por una de respeto a ti misma, y comenzarás, poco a poco, a dejar atrás la represión, el temor de mostrarte tal como eres a los demás, la rigidez de pensamiento, el todo o nada. Empezarás a sentirte menos asustada, tendrás más confianza en tus pensamientos y te sentirás más segura.

La recuperación de la codependencia puede obtenerse a través de una terapia profesional adecuada y también en grupos de CoDA los cuales mencioné anteriormente. En lugar de pretender resolver los problemas relacionados con los demás, comienzas a tomar responsabilidad por tus acciones.

Hay varias etapas que vas a experimentar:

- Etapa de la negación: por lo general ocurre cuando la persona niega que existe en la familia un problema de adicción química o de comportamiento disfuncional. Es evidente que tú reconoces esto.
- Etapa de la aceptación: ocurre cuando comienzas a percibir tu propio patrón de comportamiento disfuncional y decides asumir responsabilidad sobre ti misma. Creo que tú puedes abrazar esto con bastante facilidad.
- Etapa de los asuntos de fondo: ocurre cuando se acepta que eres impotente para controlar el comportamiento de la otra persona y surge la necesidad de la independencia en la sanidad de unas buenas relacionas. Empieza a reconocer esta etapa.
- Etapa de reintegración: aprendes a creer que vales por ti misma, y que ese valor no depende, o debe ser adquirido a través, de determinados comportamientos con otras personas.

Te mando el teléfono del programa CoDA en San José. Puedes llamarlos y ellos te darán más información sobre el número y la sede local de tu área: 1 (408) 561-0203.

¡Verás que tu vida cambiará para mejor!

Doctora Isabel

Abuela que no puede más con su nuera

Hola Doctora:

Mi hijo tuvo un bebe con su esposa. Lo cuidé el primer año de vida, porque ellos me pidieron ayuda. Pensé que era lo mejor para el bebe y para ellos, a la misma vez estaba muy contenta.

Ya el bebe tiene dos años y medio, y comenzó en el day care. Después de su primer añito, por motivos de salud, hubo que sacarlo del day care y lo volví a cuidar por tres meses más, hasta que consiguieran quien lo cuidara. Esto trajo consigo que mi hijo se pusiera muy bravo conmigo y ella le reclamara que era la primera vez que escuchaba que una abuela no quería cuidar a su nieto. Siempre he tenido una relación muy estrecha con mi hijo mayor.

En nuestra familia, cuando hay algo que no nos gusta, se conversa, nunca guardamos nada en el saco. El ultimo día que cuidé al bebe, ella vino y nunca me dijo que ya habían buscado quien lo cuidaría de ahí en adelante. Después, decidí que quería recoger un día a la semana al bebe para tenerlo con nosotros, y cuando llamé a mi hijo para decírselo, buscó la excusa de que no sabía la dirección del lugar.

A partir de ahí, nuestra relación es tensa. En una ocasión conversé con ella y puse todas las cartas sobre la mesa, con respecto a todo, su hijo, mi hijo, mi nieto, ella y yo. Pensé que sería suficiente, pero no es así. Ella no es para nada afectiva con nosotros. Mi hijo y ella han tenido muchos problemas, por eso a veces estoy entre la espada y la pared, porque aunque siempre estoy tratando de evitar que ellos discutan por mi culpa, también voy en contra de mis verdaderos sentimientos y constantemente me estoy poniendo límites para no causarles un disgusto.

Es muy difícil aceptar que nunca tendremos una relación saludable. Le agradecería infinitamente su ayuda. Creo que después de escucharla a usted, se aclararán muchas cosas para mí.

Atentamente.

Hola abuela cariñosa:

El papel de los abuelos en la familia ha estado cambiando. Uno de los problemas entre los abuelos y los padres está en la aplicación de límites. Es obvio que eso ocurrió entre ustedes. Por mucho que te sentaste a hablar con los padres, tus motivos no fueron suficiente razón para ellos para que no lo siguieras cuidando.

No me mencionas cuáles fueron esos motivos, pero asumo que era que a lo mejor eres lo suficientemente joven como para querer seguir trabajando en algo que te diera más remuneración y también libertad. Muchas abuelas hoy en día son mujeres independientes que tienen una vida social activa, estén o no jubiladas. Es obvio que tú no quieres estar a las órdenes de tu hijo y su esposa. No te sientas culpable por eso.

Pero también tengo que mencionarte que, una vez que se toma una decisión y se le explica a los padres, no puedes de la noche a la mañana decir que lo vas a tener un día a la semana. Eso también molesta.

Yo me pregunto por qué la madre de ella no cuida al nieto.

Sigue tratando, siendo dulce y comprensiva con ella. Sé un puente de amor y comprensión con los demás. Si tú cambias tu actitud, verás que ella cambia la de ella también. Y si ella responde diferente, tu hijo se fijará también.

Doctora Isabel

Adolescente que se orina en la cama

Doctora Isabel:

Acabo de leer su interesante artículo en *Selecciones* del mes de octubre. Aunque siempre tengo un *Selecciones* a mano, hace mucho tiempo que no las leía, pero hoy me levanté temprano y justo leí su artículo que creo que me va a ayudar mucho; ahí voy.

Soy madre soltera (separada hace siete años), tengo un hijo de dieciséis años (hijo único) y es en grandes rasgos un buen muchacho. No le gusta mucho el high school pero ahí vamos luchando. Tiene bajas calificaciones y creo que está en la época en que uno piensa que el colegio no sirve para nada (datos como fechas e Historia), pero mi problema es que ya no sé qué hacer.

Se orina todos los días en la cama, y yo sé que ya no debería hacerlo. Hace un tiempo (dos años para acá) lo castigaba y no lo dejaba salir si se hacía en la cama, pero nada me resulta. He probado hablar con el como amigos, como madre y hasta a veces pierdo la paciencia porque no aguanto el olor. Comprenderá que es ya casi un hombre y le he cambiado varias veces el colchón. Es más, hoy me desperté temprano con la idea de volverlo a hacer, pero pienso y pienso y no doy con una respuesta para que un colchón nuevo se mantenga limpio.

Agradeceré sus consejos.

Estimada amiga:

Sé lo frustrante y desesperante que es tu situación. Sobre todo con lo grande que ya está. Creo que lo primero que deberías hacer es llevarlo a un urólogo para ver si le puede recetar una medicina. Después, si compraras un colchón nuevo, debes comprarle unos forros de hule con zipper, y eso lo sella. Tu hijo no debe tomar ningún líquido dos horas antes de acostarse y, si él se acuesta antes que tú, lo levantas y lo mandas a que orine antes de irte tú a la cama. Eso lo puedes hacer como por unas tres semanas a ver si funciona. Este problema es bastante común, y hace sufrir mucho a quien lo padece.

Con tu ayuda, paciencia y constancia, poco a poco mejorará.

Doctora Isabel

¿Qué hago con mi hijo
que mira pornografía homosexual?

Doctora Isabel:

Primeramente, déjeme felicitarla por el trabajo que hace para ayudar con sus consejos a muchas personas. Y de paso tomarme el atrevimiento de pedirle un consejo. Tengo un adolescente de catorce años y el problema es que un día, acomodando su ropa, descubrí que había bajado de Internet fotografías de gays teniendo sexo. Había puesto todas esas fotografías en un disco, y decía "Porn". Yo me molesté con él y le pregunté, y él quiso arrebatarme el disco. Yo le pregunté que me dijera qué estaba pasando. Cuando le comenté a mi esposo que si era normal que estuviera viendo esas cosas, el comentó que estaba bien si veía mujeres desnudas pero no gays teniendo sexo, y le dije que él debería hablar con él. Mi esposo se fue desconcertado a trabajar.

Hace unos días encontré otro disco con otras fotografías, y en algunas de las fotos está un joven actor posando (no desnudo) y he estado encontrando fotografías de ese mismo actor en lugares que según él piensa que yo no las voy encontrar.

Quisiera que me de un consejo de cómo ayudar a mi hijo, porque la verdad no sé qué hacer, ni qué pensar. Déjeme por último comentarle que en nuestras familias no tenemos familiares que sean gays.

Muchísimas gracias por poner su atención,

Sarita

Estimada madre preocupada:

Tu adolescente, posiblemente, ha estado viendo pornografía en Internet. En otras generaciones, que el muchacho viera revistas con mujeres desnudas era bastante común. Pero también tenía cierto impacto en la mente de un joven que no comprende la diferencia entre el amor y lo que es el sexo.

Es hora de que tú y tu esposo se instruyan acerca de los peligros que conlleva ver pornografía, sobre todo en Internet, pues ya no es solo una mujer, o un hombre, sino que inclusive tres, cuatro o más personas haciendo el sexo.

Creo que de acuerdo con los valores de tu hogar, deben hablarle acerca de lo que ver estas imágenes puede causar. En las investigaciones hechas sobre la porno y los jóvenes, se menciona el peligro de que se convierta en un comportamiento adictivo, y que al igual que el adicto a drogas, si antes era un poco, se convierte en aún más.

Mi recomendación es que se debe hablar con él para ver cuáles son sus opiniones y por qué escoge hombres en vez de mujeres. Esta conversación debe ser conducida con amor y sin juzgarlo. Si él se siente confundido, debes llevarlo a un consejero especializado en problemas de identificación sexual. A la edad de tu hijo, muchas veces tienden a mirar fotos de hombre desnudos, por curiosidad y para poderse comparar con ellos. Pero puede convertirse en confusión sexual, y pensar que si eso están buscando es porque son gay.

Las razones no las sé, en este caso. Por eso es importante que después de la conversación con ustedes, sin juzgarlo, le digan: "Bueno, quizás el hablar con un profesional te ayudaría". De todos modos, díganle que la porno no es aceptada en tu casa, sea de mujeres o de hombres. Háblenle de la importancia de establecer una relación sana cuando él sea mayor de edad, en vez de buscar un objeto sexual.

Doctora Isabel

¿Qué hago para ayudar a mejorar la autoestima de mi hija?

～o～

> **Hola Doctora:**
>
> Tengo una hija de catorce añitos y veo que le falta la autoestima. Aunque mi esposo y yo siempre le decimos cosas positivas, ella no quiere creer su valor ni lo que le decimos. ¿Cómo la puedo ayudar sentirse mejor con ella misma?

Hola amiga,

La autoestima es fundamental para que cualquier persona, joven o adulta, se sienta con confianza en ella misma. Aquí te paso unos "tips" o consejos para una autoestima sana:

- El sentimiento de ser valioso es esencial para la salud mental y es la piedra angular de la autodisciplina. Este sentimiento es un producto directo del amor parental y debe adquirirse durante los primeros años formativos.
- Cuando los niños aprenden en verdad del amor de sus padres a sentirse valiosos, es casi imposible que los problemas de la vida adulta les destruyan esa conexión.
- El sentimiento de ser valioso constituye una de las bases de la autodisciplina, porque cuando uno se considera valioso

se cuida a sí mismo. La autodisciplina implica precisamente el estimarse y cuidarse uno mismo.

- El desarrollar una autoestima auténtica es comportarse con respeto, generosidad y suavidad con uno mismo. Igualmente, el tratar a los demás es el tomar un interés personal en tu propia jornada, pues en esa interacción te vas conociendo mejor, y con el éxito de ese trato comienzas a confiar más en ti de manera que puedas tomar decisiones propias.

- Los problemas de la vida no desaparecen. Es necesario vivir esas experiencias y analizar la lección que viene con ellas. Si no lo hacemos se convierten en una barrera que se opone al desarrollo y madurez del espíritu.

- Debemos aceptar la responsabilidad de un problema antes de resolverlo, pues no podemos solucionarlo diciendo "no es mi problema". El dicho: "Si no eres parte de la solución, entonces eres parte del problema", se aplica.

- Para poder mejorar la autoestima:

  - Haz una lista de diez metas o ideas que has logrado, que te hacen sentir orgulloso de ti mismo.
  - Rodéate y pasa tiempo con personas que te aprecian, y que te lo demuestran con palabras y acciones.

Si estos consejos no mejoran la situación, yo te recomiendo investigar si tal vez ella es víctima de intimidación en su escuela.

Doctora Isabel

Es difícil ser padres

—◦—

Doctora Isabel:

Tengo tres hijos: un varón de diecisiete años, una niña de catorce y la más chica de doce años. La más chica es la causa de mi tristeza.

¡Es muy grosera! Nada la hace feliz en nuestra casa. Tomó dinero de su papá (más de cien dólares). Luego lo devolvió pero dijo que no era mucho. Ella es feliz cuando está con las amigas, y cuando le niego un permiso me hace un drama tremendo y se pone grosera y dice que no es feliz con nosotros. Ella no es rencorosa y así como se enfurece con todos nosotros, por la noche es muy cariñosa.

A veces pienso en el síndrome bipolar. A veces, que algo no estamos haciendo bien mi esposo y yo.

Doctora, usted menciona que hay terapia familiar en CoDA. No estoy segura si así se escribe pero ¡necesito ayuda pronto! Ya la llevé a terapia pero no resulta, pues no se sentía a gusto con el terapista y la verdad no veía yo ningún cambio. Le agradezco su ayuda y espero su respuesta pronto.

Muchas gracias,

Mariana

Estimada Mariana:

Realmente, es bien difícil tener tres adolescentes al mismo tiempo. Definitivamente, por lo que describes, ella no solo está demostrando la rebeldía de esa etapa, sino que varía en comportamiento y me preocupa el hecho de que está robando. Como es la más pequeña, podrás ver que su comportamiento es diferente a los demás, y lo suficientemente preocupante como para recomendar terapia.

Debes ir a hablar en la escuela para ver cómo se comporta allí. Por lo general, en sicología, para analizar la gravedad de una situación con un paciente, miramos su vida personal, la que conlleva con sus padres o pareja y la que lleva con sus responsabilidades (trabajo o estudios). Si en las tres áreas no va bien, consideramos que tenemos, sino una crisis, algo por lo que preocuparnos. Si en la escuela va mal, si su comportamiento con ustedes es grosero y ustedes se sienten que no pueden confiar en ella, considero que tienes razón de estar preocupada.

Además de hablar en la escuela, debes hablar con los demás hermanos para ver qué está pasando; muchas veces uno de ellos te dirá.

Habla también con ella, en control de tus emociones, y pregúntale si en algo tú le has fallado. Dile que tú la amas y por eso ella debe ir a la terapia. No le gustó ese, pues busca otro. Recuerda que ella lleva doce años con ustedes y no la comprendes, no esperes que en una o dos sesiones el terapeuta haga milagros. La terapia familiar es recomendable también.

No, CoDA (Co-Dependents Anonymous) no es lo que te recomiendo. En la escuela siempre te pueden recomendar sicólogos que han trabajado con alumnos y con los que han observado un cambio. No dejes pasar esto, no demores en buscar la ayuda.

¡Un abrazo fuerte! Siendo madre de cuatro, entiendo tu frustración.

Doctora Isabel

Hijo juguetón que no presta atención

Dra. Isabel:

Tengo muchos años escuchándola desde Tijuana, México. Quisiera ver si me ayuda por favor. Tengo un hijo, Raúl, de ocho años. Antes de salir de vacaciones de diciembre, él está en su 3er año, dos de sus maestros de la escuela me llamaron la atención porque dicen que Raúl es muy juguetón y no pone atención. Yo sé que sí lo es, pero al reprenderlo le digo yo a Raúl: "¡Te voy a quitar la televisión!", y me dice que está bien y se entretiene con otra cosa.

No sé cómo reprenderlo porque siempre que le quito lo que a él le gusta, como quiera se entretiene con otra cosa, como si al no le afectara. Su papá dice que cambiará, que es la edad. Él es un niño tranquilo, no es grosero, pero sí es muy juguetón y se distrae fácilmente.

¿Qué hago Doctora? La maestra me hizo hasta chillar de coraje, porque no sé si estoy cumpliendo yo como mamá. Como siempre ando a las carreras porque tengo que trabajar. Aunque tengo que trabajar, siempre le doy tiempo en las tardes para hacer sus tareas, y estar con ellos un rato antes de acostarlos, porque tengo otra niña de tres años y ella si es muy inteligente, no tengo problemas con ella.

> **Que dios la bendiga y le preste tiempo para poder contestarme.**
>
> **Venga a Tijuana, la invito para acá para disfrutar de nuestra cultura.**

Hola amiga:

Sé que te sientes frustrada, porque realmente el niño no le falta el respeto a nadie, y como tú dices, él no es grosero y dices que es tranquilo. Él es juguetón y posiblemente inmaduro todavía, no se da cuenta del impacto que tiene el ponerse a jugar en vez de prestar atención. Y ves, ¡ahí está la clave! Me estás describiendo un niño que tiene falta de enfoque y presenta síntomas de un niño que tiene un déficit de atención.

Son niños que se distraen con cualquier cosa, que son muchas veces soñadores. Te voy a recomendar lo siguiente: cuando hagas la tarea con él por la tarde, divide el trabajo que tiene que terminar por secciones, y le pones un tiempo a terminar. Con un reloj de tiempo de cocina que suene, le dices: "Vamos a ver cuánto puedes hacer en tres minutos". Estoy tomando en cuenta su edad y su entrenamiento. Verás que lo mirará como una competencia. Claro tendrás que ver que lo que hace lo hace bien. Después le vas aumentando la cantidad de trabajo, poco a poco, y lo mueves a cinco minutos. Explícale que lo estás haciendo como para entrenarlo en una carrera. Esto lo hará transferir este entrenamiento para cuando esté en clase.

Otra cosa que necesitas compartir con la maestra es cuánto él hace en la clase, si termina lo que comienza. Hay veces que hay niños que terminan rápido lo que tienen que hacer y después se ponen a molestar a los demás. Hay que ser específicos cuando se habla de que el niño es muy juguetón; puede ser que sea más inteligente de lo que se imaginan.

Otra estrategia que se puede utilizar en la clase, es que si termina su labor, pueda sacar un libro o un juego para él jugar en su escritorio o en un lado del salón, sin molestar a los demás.

Si ves que no funciona esto con la maestra, entonces dile que te ponga por escrito los comportamientos que él exhibe. Con eso puedes ir al pediatra que posiblemente te recetará una medicina para que el enfoque mejor.

Hoy es tu día. ¡Cambia!

Doctora Isabel

Hijo marihuanero que
no sale de su cuarto

~§~

Hola doctora Isabel:

Preferimos no poner nuestros nombres para evitar cualquier inconveniente. Tenemos un hijo de veinte años al que le hemos encontrado marihuana en su cuarto y está que no nos habla y anda encerrado en su cuarto.

Ha perdido el trabajo y en estos momentos no hace nada. A veces se sale a la madrugada y regresa a las dos, tres horas y no nos dice nada y se encierra en su cuarto.

No sabemos qué hacer con él, por eso es que le pedimos un consejo.

Muchas gracias por su tiempo,

Familia Unida

Estimada amiga:

Nada se puede comparar al dolor de una madre cuando ve a su hijo caer en el precipicio de la droga. No sé qué tiempo lo has observado poco a poco desconectarse de su familia y de aquello que era lo normal en él. Sabemos que la marihuana es el puente para otras drogas y lo que acaba con el deseo de triunfar y llegar a metas en la vida.

Es obvio que tu hijo está en las garras del efecto de las drogas. No me indicas si él está trabajando. Si no tiene trabajo, ¿cómo se está manteniendo? ¿Quién le da dinero para sus salidas? ¿Y para la droga? Si tú no le das el dinero, y no trabaja, algo ilegal está haciendo.

Lo que te voy a recomendar es que te sientes con él cuándo él esté claro y le digas que, o busca ayuda, o tendrá que buscar otro lugar donde estar. Le das un mes para que encuentre trabajo y ayuda para su vicio.

Si él actúa de manera violenta, llamas a la policía inmediatamente, si piensa que no vas a cumplir con lo que dices y continúa sus andanzas. Le quitas la puerta de su cuarto, le revisas el cuarto a diario, y si encuentras drogas las botas. Todo esto debe ser dicho seriamente y en control absoluto de tus emociones. ¡Tienes que demostrarte bien firme!

Si la oportunidad de hablar no se te da, entonces se lo pones por escrito con una fecha y en un mes cumples con lo que prometiste, que es sacarlo de tu casa. Mientras tanto, asiste a los programas de Grupos Familiares Drogadictos Anónimos. Son familias que han pasado o están pasando por ese calvario.

Por supuesto que si él responde diciendo que reconoce que necesita ayuda, dile que tú estás dispuesta a darle los teléfonos necesarios para que asista a buscar ayuda. Narcóticos Anónimos es el programa preciso para él. Pero mantente firme en lo del trabajo y que no le vas a pagar nada de aquí en adelante. Él tiene que responsabilizarse por su vida.

Sé que lo que te pido es fuerte, pero con la ayuda de ese grupo de apoyo podrás encontrar perseverancia y fortaleza. Para él te recomiendo Narcóticos Anónimos. En la mayoría de los estados, al marcar 211 encuentras los números de teléfono que te recomiendo.

Que Dios te acompañe,

Doctora Isabel

Madre angustiada por su hija conflictiva

Doctora Isabel:

Mil abrazos a usted y Dios la bendiga. Doctora, tengo un matrimonio de quince años. Con mi esposo acordamos que yo cuidara a nuestras hijas y él trabajara. Ahora ellas tienen catorce y nueve. Mi hija de catorce ha cambiado mucho su carácter y se le enfrenta a mi esposo contestándole de una manera no adecuada. Ellos chocan como dos piedras y yo al medio. Hace tres semanas tuvieron una discusión y mi esposo le dejó de hablar por una semana. Yo le aconsejé a mi hija que le hablara y ella así lo hizo y él la ignoró y nunca le contestaba. Yo veía que mi hija le hablaba y él la ignoraba.

Un día antes de irse al trabajo me acusó de que yo soy el problema y que yo aconsejo a mi hija a ser grosera e irrespetuosa con él, lo cual no es así. He tratado de ser buena madre y dedicada a mi hogar y siento ahora que él me acusa. Así que todo lo que yo trate de hacer con amor, él no lo valora. Yo he tratado de siempre decirle sí a todo a mi esposo, aunque yo no quisiera. Sé ahora que fue un grave error. En este tiempo hemos tenido problemas que jamás me imaginé tener. He caído en una gran depresión y siento que el amor que tenía a mi esposo poco a poco se va. Le he tenido mucha paciencia y a mi hija la he tratado con amor, pero a todo le pongo un límite de lo que ella quiera hacer.

Necesito que me aconseje qué poder hacer con ellos dos. Estoy en el medio y no veo la salida.

Querida amiga:

El conflicto entre tu hija y tu esposo es reflejo de la frustración que tu hija siente con su padre. Ella definitivamente no quiere ser sumisa como tú y como adolescente al fin, lo lleva a un extremo en sus enfrentamientos con su padre. Ella ha demostrado más madurez que su padre, el cual está acostumbrado a comportarse como un tirano.

Te recomiendo que tanto tu hija como tú asistan a terapia. Primero por separado y de vez en cuando como familia. Tu esposo es un niño malcriado al cual tú le has permitido creer que su comportamiento es aceptable. Tienes que hablarle a él y decirle que no le vas a permitir más groserías, que si él quiere llevar una vida mejor tiene que aprender a dominar sus emociones.

Pues, de aquí en adelante, cuando él pierde el control, o tú vas a dar una vuelta o él la da, pero eso está convirtiendo a la hija en una rebelde que quiere proteger a su madre. Toma la responsabilidad de tus debilidades. Dile que tú pensabas que era la mejor forma de tratarlo a él, pero que te das cuenta de que te has equivocado. Sería mejor que esto lo desarrolles en una carta, comenzando con las cosas positivas que tú ves en él, pero sé concisa en los puntos que tú quieres que se cambien en la casa.

Lo primero es que de aquí en adelante tú vas a tomar la disciplina de la niña y que aprenderás a hacerlo asistiendo a clases de disciplina para los padres que imparten en escuelas e iglesias. Si él quiere participar, que te avise. No se lo impongas.

Escríbeme otra vez para saber cómo te ha ido.

¿Cómo puedo mejorar el comportamiento de mis hijos?

~o~

Hola Dra. Isabel:

A Dios gracias tengo dos hijos sanos y buenos, con muy buen comportamiento con las tareas y en la escuela. Mi esposo y yo tenemos buenas relaciones y comunicación con ellos pero hay veces que se "salen un poquito del plato" y muestran majadería.

¿Cómo puedo refinar sus conductas con los adultos?

Silvita

Hola Silvita,

Es muy refrescante escuchar que tus hijos están bien y no hay problemas mayores en tu hogar. Acá te mando unos tips sencillitos para lograr un buen comportamiento en nuestros niños o, en tu caso, mejorarlo:

1. Fijémonos en el comportamiento positivo y utilicemos el elogio frecuentemente. Por ejemplo: ¡qué bueno que hayas guardado los juguetes! Esto ayuda porque generalmente los chicos se portan mal para llamar la atención o para poner a prueba la reacción de los padres. La reacción positiva les da el reconocimiento que desean y la aprobación de los padres.

2. Enseñen a los hijos qué quiere decir "pórtense bien". Por ejemplo: si van a la tienda les dicen "cuando vayamos a la tienda no pueden correr y tienen que estar cerca de mí". Para los niños tenemos que tener reglas simples, sencillas y claras; eso les da seguridad de lo que tienen que hacer exactamente.

3. Hagan cosas divertidas con sus hijos. Eso los hace sentir bien y no ven a sus padres como ogros que solo dan sermones.

4. Aprendan a dialogar y escuchar sin interrumpir a sus hijos. Eso les enseña el poder de la conversación. Y eso te da la oportunidad de explicar ciertas decisiones que tomas por ellos. En otras palabras, en vez de dar órdenes como un general y de sermonear, aprenden a conversar.

5. Enséñale a tus hijos que crees en sus habilidades. Disfruta sus pequeños logros, realmente disfrútalos. Al sentirse seguro de sus padres, que lo reconocen, esa personita tendrá una autoestima alta.

Continúa haciendo el buen trabajo como madre. ¡Te felicito!

¿Existen padres exitosos y familias felices?

Hola Dra. Isabel:

Con todos los problemas que hay en las escuelas y en las familias, ¿Doctora, realmente existen padres exitosos y familias completamente felices?

Hola:

¿Existen padres exitosos y familias felices? ¿Estamos a tiempo a convertirnos en familias con hijos que logran el éxito en la escuela? Para crear un ámbito de diálogo educativo acerca de los fines y medios de la educación, esta escuela de padres es la estrategia más efectiva para lograr ese fin.

La escuela y la familia juntas ayudan a que esa educación se convierta en una educación global. Por medio de su presencia aquí, ustedes están confirmando su interés en el compromiso educacional con sus hijos.

¿Cuáles son los factores que se observan en las familias que tienen éxito con los hijos?

1. La participación de los padres en la escuela. Es importante que padres y profesores tengan una comunicación constante para que intercambien opiniones sobre el estudiante y no haya contradicciones en lo que se dice. Es importante:

- Hablar sobre las habilidades del estudiante y sus dificultades.
- Hablar sobre los estados de ánimo del estudiante.

2. La autoestima alta. Lo que cada persona cree sobre sí misma es importante para tener seguridad en lo que hace. Ese concepto se construye en los primeros años de vida, a partir de lo que otros piensan y comunican. Por eso, si el niño crece y estudia en un ambiente en donde los profesores y los familiares tienen expectativas positivas sobre él, se formará y crecerá con conceptos positivos de sí mismo.

3. Hay normas de disciplina explícitas en el hogar, y aquellas relacionadas con la escuela:

- Cuándo hacer la tarea y el aseo, la selección de la ropa.
- Se trazan líneas claras entre lo que pueden y lo que no pueden hacer. No obrar así es como dejarlos en un cuarto oscuro.

4. Se reconocen los éxitos por simples o pequeños que sean. Esto promueve en los hijos la capacidad de alegrarse por la tarea bien resuelta.

5. Hay establecidas técnicas del manejo del tiempo.

6. Hay una organización de materiales y útiles escolares y hay un lugar apropiado para hacer los deberes.

7. Se mantiene una lista de aquello necesario para sus estudios, por ejemplo, materiales como lápices, plumas, cuadernos, o eventos importantes en el año escolar.

8. Hay estrategias establecidas para cuando hay problemas de atención:

   - Se establece un lugar apropiado.
   - La familia colabora con los silencios necesarios.
   - Se buscan programas extracurriculares que ayudarán a desarrollar la atención.

9. La familia se reúne a comer junta. Las familias que pasan tiempo con sus hijos, sobre todo en la comida, aprenden a compartir lo que ha ocurrido en el día.

10. Existe un currículo de la casa que no es otra cosa que las enseñanzas que los niños aprenden en su hogar. Tienen padres que los escuchan, les hablan sobre temas que los afectan y les interesan, comparten con ellos opiniones sobre las noticias del mundo y les enseñan buenos hábitos.

    Está comprobado que, cuando no son motivados a participar en una conversación, los niños suelen tener problemas al aprender a leer. Además, los que no han aprendido a escuchar tienen problemas para seguir instrucciones o prestar atención en clase.

11. Los padres conocen a los amigos de sus hijos. Los compañeros y el grupo de amigos tienen una gran influencia en la formación de los valores y comportamientos de niños y jóvenes. Fomentar sus habilidades sociales los ayudará a comprender a otras personas.

12. Sus mochilas son revisadas y sus tareas escolares también. Los padres se preocupan por observar lo que han aprendido sus hijos.

13. Tienen acceso a una biblioteca pública donde los padres acompañan a sus hijos a encontrar libros no solo para ellos sino para

su propio uso. El ejemplo de los padres leyendo es lo que los impulse a leer a los hijos. Hoy en día con la tecnología que tenemos, adquirir libros por medio de sus tabletas o iPad o Kindle les facilitará la lectura y la adquisicion de los mismos. También es recomendable ayudarlos a utilizar Google u otros accesos informativos para que puedan encontrar informacion para sus tareas escolares.

14. Los padres les demuestran su afecto a los hijos:

- Los padres (y los abuelos) son la primera y más importante escuela de amor.
- Ríen y sonríen con frecuencia y demuestran su amor con afecto y palabras positivas.
- Edifican la plataforma emocional de los niños y les muestran el valor de un abrazo, de una caricia. Saber tratarlos bien cuando no tienen problemas los ayuda a resolverlos mejor cuando estos se presentan.
- Hablan sobre cómo superar la violencia en la escuela.
- Tratan de criar un hijo que nos sea violento

15. Le dan buen ejemplo. Que haya coherencia entre lo que predicas y lo que haces. Solo lo bien hecho educa.

16. Les enseñan a convivir con la ansiedad de la existencia.

- Se les explica que la vida impone dificultades y que ellos tienen recursos para afrontarlas. Al hacer esto aprenden a tolerar mejor los cambios en la vida.
- En tiempos de estrés, la familia tiene estrategias para modular las emociones.

17. Se toman en cuenta la edad y la madurez del hijo. Los niños de corta edad actúan intentando responder a las expectativas de sus

padres, no por miedo al castigo. Aprenden mejor con premios y alabanzas que con amenazas que a veces no entienden.

¿Existen padres exitosos y familias felices? Definitivamente sí las hay. ¿Es difícil? Sí lo es, pero los frutos duran toda una vida.

Con todo mi cariño,

Doctora Isabel

Temas de sexualidad

Hija abusada sexualmente
en un *playdate*

~ o ~

Doctora Isabel:

Siempre la escucho y aprendo algo nuevo de usted. Le mando esta carta porque necesito de su consejo, es una materia grave.

Hace algunos días, mi hija de cinco años fue invitada a la casa de la vecina para jugar con una niña de ocho años. Esta niña tiene un hermano de nueve o diez años. La dejé ir, pues la abuela los estaba cuidando a los dos. Cuando me fui, estaban jugando afuera y comiendo fresas. Al rato la fui a buscar, y ella me contó que el niño le había quitado los zapatos, sus pantalones y pantaloncitos, y la había tocado al frente, sus partes privadas.

Le pregunté qué había pasado y ella me dijo que le había hecho prometer que no se lo diría a nadie. Cuando fui hablar con la madre y la abuela, llamaron al niño, y al vernos exclamó que él sabía por qué estábamos ahí.

No sé qué hacer, si debo de reportar esto como un acto de abuso. Sé que él es un niño, además de tener el síndrome de Asperger. El caso es que mi hija es víctima de esto, y no sé qué trauma puede causarle esto. Aunque él tiene esa condición, no dudo que puede pensar. Por favor ayúdeme. A lo mejor él

> **fue también abusado, y esto me tiene entre dos sentimientos: de ira, y de tristeza.**
>
>   **Aconséjeme. ¿Qué hago?**

Estimada amiga:

Sé que es una situación muy difícil. No me dices qué hicieron la madre y la abuela. Creo que el niño tiene que ser visto y, si como dices, puede que haya sido abusado, si no lo reportas no lo van a hacer. Lo extraño es que un niño con esa condición tiene problemas en comprender lo que socialmente es apropiado, y si no se le enseña, se convierte en un acto compulsivo. La mayoría de ellos tiende a no hacer lo que me describes, así que puede que sea algo aprendido y algo que haya hecho anteriormente.

Me inclino por que lo reportes a las autoridades en Child Protective Services. Recuerda que él tiene una hermanita, y no me sorprendería que le haya hecho lo mismo. Comprendo que la situación no va a ser muy agradable ya que son vecinos. Pero si no lo haces, el niño no va a recibir la ayuda que necesita, al igual que el resto de la familia. Si él a esta edad está exhibiendo estos comportamientos, los problemas que va a tener con otros aumentarán. Con la condición que él presenta, me imagino que tendrán compasión con él.

Ahora, por tu hija, la tendrás que llevar a buscar ayuda emocional. La posición que tomas es que tú la protegerás siempre, y que nunca se deje tocar por nadie.

Los niños tienden a poder olvidar situaciones como la que describes. NO la regañes. Pero sí utilízalo como una lección para ella.

Hoy es tu día. ¡Cambia!

Doctora Isabel

Hermanos que tuvieron práctica sexual

Doctora:

Cuando tenía doce años fingí un acto sexual con mi hermana de solo seis. Yo no sabía nada, solo creí actuar como veía en películas, pero no sabía aún de la penetración, ni siquiera sentía erotismo.

Cuando yo tenía como veintiocho, ella me confrontó y admití mi culpa. Me disculpé y busqué ayuda para sanar mi remordimiento. Ella dejó de hablarme hace dos años debido a que supo algo que no me quiere decir. Ella no ha podido superar eso y no sé cómo ayudarla a sanar. ¿Debo alejarme y no insistir hasta que ella decida hablarme? ¿O debo decirle algo en particular?

Yo también estoy ofendido porque ha dicho que yo pienso en ella como mujer, y yo nunca, nunca he sentido por ella nada así. Cuando chamaco solo jugaba a que éramos marido y mujer y pretendía ser su esposo pero no la penetré, ni con el dedo, ni abrí sus partes, vaya, ni siquiera le vi sus partes.

Aunque entiendo que aun así fue un abuso, no tuvimos a quién acercarnos para pedir una guía. Yo superé mi culpabilidad años atrás, pero ella no ha superado mi abuso.

No quiero vivir toda la vida con esto, dígame qué hacer Doctora.

Gracias.

Amigo mío:

No sé si estás usando la negación como defensa emocional, pues sí es algo difícil de entender lo que pasó. Por lo menos tienes que comprender que el haber tratado de recrear algo que viste en una película con tu hermana, significa que sí la utilizaste como objeto sexual, aunque digas que no pasó nada, y yo no sé si esto es la realidad.

No sé lo que le habrán dicho, pues es obvio que es algo doloroso.

Yo te recomendaría que le dijeras que tú estás dispuesto a ir a terapia con ella para que un terapeuta les sirva para aclarar lo que ocurrió, y tanto tú como ella puedan procesarlo como algo del pasado. Durante esas sesiones puedes preguntarle esto que ocurrió que no te quiere decir, y así también el terapeuta los puede ayudar con esto.

Comprendo que es muy triste que dos hermanos se hayan dejado de hablar, y sé que es muy duro para ti vivir con este sentimiento de inseguridad y de culpabilidad. Lo único que puedes hacer es proponer esto, que ella inclusive escoja el terapeuta, y tú tendrás que pagar por las sesiones.

Espero que ella acepte esto. Si no, recuerda que puedes pedir perdón pero no la puedes obligar a verte. Es obvio que ella también tiene sentimientos que inclusive pueden incluir la culpabilidad.

Tú tienes el poder de cambiar.

Doctora Isabel

Niña que fue violada a los dos años

Estimada Doctora:

La hija de unos queridos amigos fue violada por su medio hermano cuando tenía dos añitos, y este abominable acto se repitió hasta que ella tenía catorce, sin que les dijese a sus padres el tormento que vivía. El muchacho ya está casado y hasta ahora en que la hija de mis amigos cumplió veinticuatro años fue que rompió su silencio.

Tiene un largo historial de problemas con el alcohol, drogas y relaciones de pareja abusivas. Ella se considera culpable de todo lo que le ha sucedido y siente que no se merece nada. No se siente apoyada por sus padres, ya que el padre de los dos no ha hecho nada para encarar la realidad y, según sus propias palabras, "eso es cosa de niños; la curiosidad de ellos los llevó a eso".

Les he recomendado programas de terapia para la hija y para ellos como padres, pero son personas muy necias que creen saberlo todo. A mí esto me ha ocasionado un malestar permanente. La niña solo quiere hablar conmigo a cualquier hora del día o la noche, al punto que me siento muy nerviosa aparte de que mi esposo ya comenzó a protestar por todo esto.

Yo no quiero dejar de ayudarlos, sobre todo a la hija de mis amigos, a la que he visto crecer y me duele el infierno que le ha tocado vivir. No tiene autoestima ninguna. En estos momentos está en una relación que puede ser el final de su propia existencia, pues el hombre con el que está es un vendedor de drogas y la golpea y prostituye a su antojo.

No sé qué hacer, y créame he dado pasos que incluyen hasta denunciarlo ante las autoridades, pero ella vuelve con él. Me va a disculpar que le escriba de esta manera. Le suplico cuando le sea posible le dé respuesta a mi carta.

Nuevamente gracias, espero que tenga una línea directa con nuestro Padre Celestial para poder tener la fuerza y la sabiduría para ayudar a los demás.

Querida amiga:

Primeramente te felicito por ser una persona que quiere ayudar a los demás aunque este caso es tan difícil para ti como lo es para mí. Te aclaro que todos tenemos esa conexión con nuestro Padre Celestial, y desde aquí solo le podemos pedir mucha sabiduría para ti, para mí, y ella.

Esta es una niña a la cual no se le reconoció que fue ultrajada por muchos años, y la respuesta de su padre es como decirle que no es para tanto. Esto puede reflejar una perspectiva demasiado familiar a una situación tan dolorosa. Ella vive en un mundo donde esto se considera abuso, pero en el mundo de su familia, es como si nada. Ella se está responsabilizando del abuso como muchos niños y niñas hacen, lo cual los desvaloriza, y por supuesto ese sentimiento lo reflejan en su comportamiento social.

En la Florida hay programas que la ayudarían a ver el error de sus padres, y que ella no fue culpable de lo que ocurrió. Pero sí necesita asistir a programas sobre violencia doméstica para fortalecer su dignidad y salir de este mundo terrible en el que vive.

Hay tres programas que la ayudarían: Neuróticos Anónimos (www .neuroticosanonimos.us), CoDA (www.southforidacoda.org) y Lotus

House (www.lotushouse.org). Podrías acompañarla a Neuróticos y a CoDA (Co-Dependents Anonymous), pero recuerda que también tú tienes que poner ciertos límites a lo que puedas hacer, pues ella tiene que tomar sus propios pasos.

No trates de convencer a los padres, pues es obvio que no quieren escuchar. Mi mayor preocupación es que ese joven, el muchacho que la violó, puede que continúe haciéndolo. Ella debería algún día, cuando esté en el proceso de la sanación, enfrentarse o escribirle a su medio hermano, pues es importante para que ella recupere su poder personal.

Tú tienes el poder de cambiar.

Doctora Isabel

Madre de gemelas preocupada
por la sexualidad de ellas

Dra. Isabel:

Tengo gemelas de casi ocho años. Desde pequeñas les gustan más los juegos de niños y se relacionan más fácilmente con varones. Quisiera que me ayudara pues no sé qué esperar de ellas en el futuro con respecto a su identidad sexual. No sé cómo tratarlas o cómo ayudarlas, y me preocupa cómo se comporten en la escuela y que tal vez las vayan a lastimar. Por favor ayúdeme a entender qué significa su comportamiento y a dónde puedo acudir para orientación.

Usted es un ángel y agradezco todos los consejos que da a través de la radio.

Dios la bendiga.

Querida amiga:

Hace muchos años, en una situación similar a la que enfrentas con tus gemelas, te habrían dicho que no te preocupes, que esa inclinación se les pasará. Pero esa ahora no es la posición que se asume. Los comportamientos de tus hijas son propios de observar.

De acuerdo con expertos en temas de identificación sexual, las actitudes que ellas adoptan pueden ser algún tipo de fantasía para lidiar con una realidad que les duele. Por ejemplo, en la carta me hablas de ti y como tú te sientes con esta realidad, pero... ¿y el padre? ¿Qué papel tiene él en la vida de estas niñas? ¿Eres madre soltera o te has separado de tu esposo? Si viven juntos ¿cómo son las relaciones entre ustedes?

Te voy a describir distintos escenarios, para ayudarte a responder a estos interrogantes y que simplemente explores varias posibilidades. Una es que el padre resulte una figura demasiado fuerte para ellas. O a lo mejor es un hombre muy deportivo y las insta a juegos que reflejan masculinidad. La otra posibilidad es que te vean a ti como la sufrida, la débil, y han tomado la decisión de que prefieren identificarse con lo masculino porque asocian lo femenino con dolor e infelicidad. Me pregunto si han presenciado o padecido violencia doméstica en la que tú has sido la agredida.

Estas son solo posibilidades y distintos escenarios que debieras analizar. Esta fantasía que llevan las hace sentir mejor. Pero en realidad, ocultan algo triste en sí mismas, y se paga muy caro si no se explora ahora.

Debes llevarlas a un psicólogo infantil, experto en desórdenes de identificación sexual. El enfoque no está en el comportamiento que demuestran, sino el por qué no quieren compenetrarse con su propio género. No se las debe castigar ni forzar, sino proponerles actividades que sean de su propio género.

Lo importante es quitar la posible frustración que están sintiendo. El enfoque debe estar en los sentimientos de tus gemelas. Mientras tanto, ámalas, quiérelas, no me las juzgues, pero mira tu entorno y mira lo que tienes que cambiar.

Tu doctora Isabel

¿Mi hija fue abusada sexualmente o…?

~~~

Hola buen día:

Mi nombre es Cecilia. Hace un par de meses empecé a escuchar su programa. La felicito; es de gran ayuda para la comunidad y pues yo tengo una duda sobre el tema de abuso sexual. Quisiera saber si es también abuso cuando te tocan tus genitales y tú tocas los de la persona que te está tocando ¿Eso es abuso sexual?

Necesito definir la diferencia para poder definir la situación. Espero que me respondas para quitarme esta duda.

Hola Cecilia:

Hay que romper el silencio y quitarnos las vendas. Es una pregunta importante pues muchos piensan que lo que describes no es abuso si no hubo penetración.

Te aclaro… pueden ser actitudes y comportamientos que una persona realiza con otra sin su consentimiento o por medio del engaño (a los niños) para su propia satisfacción sexual.

El abuso no es solo penetración o agresión física. Abarca desde el contacto físico por medio de tocar, masturbar o tener sexo oral, hasta la ausencia de contacto, el exhibicionismo, tratar de erotizar a la otra persona por medio de relatos de historias sexuales, ya sean videos, fotos, etc. Esto puede ocurrir por un largo periodo de tiempo o de vez en cuando. Puede ocurrir en el seno de la familia, en una institución, con el vecino o conocido o con un profesor o una autoridad simbólica y moral. La consecuencia de esto puede ser mayor cuando hay una relación afectiva.

Los efectos y consecuencias a largo plazo dependen de la intensidad del abuso, la edad de la víctima, la debilidad psíquica de la víctima y, por supuesto, la figura de importancia que tiene el violador. Hay repercusiones que se pueden dividir en psicológicas, sexuales, psicosomáticas, sociales, o la víctima suele perder valores sociales y puede adoptar una actitud asocial, o de forma provocadora.

Entre los efectos más claros, puede presentar shock postraumático, sexualización traumática, pérdida de confianza en las relaciones, sentimiento de estar marcada de por vida y sentimiento de impotencia.

El tratamiento debe hacerse con un terapeuta especializado en abusos, para que pueda procesar el significado de lo vivido y poderlo superar. Lo fundamental es romper el silencio que te está ahogando y desenterrar de lo más profundo lo que quizás llevas escondido o tapado por mucho tiempo; el poder relacionar tu comportamiento del presente y su relación con lo que te sucedió. Es poderte conectar con tu yo, el comprender que no fuiste la causante, que eso se ve en muchos niños que han sido abusados. Inclusive hay padres que en llamadas me han dicho que su hija de cinco años es la culpable pues "sonsacó" a su esposo/padre de la niña, o que el padre estaba borracho cuando lo hizo.

Es muy triste escuchar esto en este siglo. Hay que romper el silencio y buscar ayuda. Más aun reportarlo.

Espero haberte ayudado con esto.

Doctora Isabel

Hija con padres abusivos

Hola doctora:

Tengo veintiún años de edad y aún vivo con mis papás. Ellos provienen de una familia muy acatada y tradicional, no me permiten salir a ningún lado. Mi mamá tiene la costumbre de pasar por mi trabajo y ver si todavía estoy ahí, y si no me empieza a llamar para ver dónde estoy. Hace un tiempo conocí a un muchacho que es muy bueno conmigo y me enamoré de él. Mis padres no me dejan tener novio y me he visto con él a escondidas por un buen tiempo.

Un día mi papá se dio cuenta y me golpeó por verme con él. Me golpeó con lo primero que encontró; él siempre ha sido muy violento. Ellos no entienden que quiero hacer mi vida. Dicen que todo lo que hacen es por mi bien, y lo agradezco pero me da la impresión de que jamás voy a poder ser feliz. He tratado de explicarles muchas veces que quiero poder tener novio y ser feliz, que ya no soy una niña. Pero siempre salen insultándome y diciéndome que, mientras viva con ellos, tengo que hacer lo que ellos mandan. No tengo el valor para irme de mi casa, me da miedo porque me amenazan con poner a toda mi familia en mi contra y ellos dejarme de hablar. Espero que me pueda ayudar; de verdad se lo agradecería mucho

Hola amiga:

De más está decirte que tus padres entienden el amor y la protección de una forma equivocada. Pero ¿qué puedes hacer entonces?

Vamos a comenzar por lo que no puedes hacer. No puedes irte con el primero que te diga "ven conmigo" y eso incluye al de ahora. Si te quiere, te esperará. Y si no espera, es que no te ama lo suficiente. Creo que para uno independizarse, tiene que prepararse para ser independiente, no solo trabajando sino también estudiando una carrera con la cual puedas ganarte la vida. Además, te da la oportunidad de conocer a otras personas y situaciones, y no tendrás que estar tanto en la casa. Guarda tu dinero en una cuenta de banco; empieza a sentirte económicamente independiente.

No permitas que te manipulen, y mucho menos que te agredan. Si vuelve tu padre a golpearte, llama a la policía. Eso se le llama *abuso*, y no se lo puedes permitir más. Pero también, no le faltes el respeto.

Entra en la página de http://espanol.thehotline.org y allí verás que tienen programas que te ayudarán a levantar tu autoestima, y a aprender a defenderte de esos actos de violencia. Cuando asistas a esas reuniones, aprenderás a poder hablar con tus padres para que ellos entiendan que sus formas no son las adecuadas. Y si no lo entienden, tendrás que prepararte para independizarte.

Te deseo suerte,

Doctora Isabel

En búsqueda de recalentar la vida sexual con su pareja

⁓⟋⟍⁓

> **Doctora Isabel:**
>
> Hace quince años que estoy con mi pareja. Todo entre nosotros va bien y sé que me quiere. Pero hace un par de años no tenemos mucho sexo y las pocas veces que lo tenemos no siento la misma conexión que antes. ¿Qué debo hacer para mantener viva la vida sexual de mi pareja?

Hola:

La vida sexual de la pareja no puede ocurrir en un vacío. Es importante reconocer la necesidad de sentirse amado y, más que nada, la confianza en la otra persona, saber que ella/él está de tu lado.

Se pueden tratar estas estrategias para conseguir esa conexión sexual cuando estás en una relación fija de pareja:

- Haz algo a diario, simple pero importante para tu pareja. Detalles como un beso, un abrazo, decirle cómo te atrae, o simplemente una pasadita de mano y decirle que lo amas.
- Las relaciones necesitan de las palabras; la comunicación verbal (para la mujer es importantísima) y el acto físico sexual (importantísimo para el hombre).

- Tóquense fuera de la cama. Pídele que te toque el pelo o que te masajee los pies o hazlo tú a él/ella. Al hacer gestos físicos además le añades palabras bonitas. Ayuda tremendamente como prólogo al sexo.

Trata a tu esposo/a como a un niño/a, demuestra tu cariño, y verás el resultado. Recuerden tres cosas que les atrajo cuando se conocieron, háblenlo. Si lo hacen antes del acto sexual, se conectaran a esos sentimientos originales del pasado.

Mi novio no me quiere
después de saber que fui violada

Hola Doctora:

Mi nombre es Mimi, tengo treinta y dos años y quería pedirle un consejo. Tengo novio pero las cosas no van muy bien desde que le conté que me violaron. Yo a él le había dicho que era virgen porque no quería perderlo. Él es mi primera pareja sexual después de la violación. Desafortunadamente mi primera relación sexual fue la violación.

Ayúdeme por favor a entender lo que puedo hacer.

Hola Mimi:

Si tu novio no puede aceptar el hecho que no eras virgen pues fuiste violada, eso es indicativo de que no es compasivo y que considera que tú provocaste la situación. Sus pensamientos tienden a ser de un hombre posesivo, y que no va a aceptar el hecho de que tú tuviste a otro hombre (aunque este se haya forzado en ti).

Yo te recomiendo que no continúes con él, pues esta relación te hace continuar en la posición de víctima, y ya eso lo fuiste una vez. Sería mejor que dedicaras un tiempo a procesar tu dolor y violación con terapia profesional y asistir también a grupos de abuso sexual. Cuando tú te sientas sin esa carga, tú dejaras de ser víctima.

No continúes con él, pues esta relación te irá bajando tu autoestima y aumentará en ti sentimientos de vergüenza y culpabilidad que realmente no deben ser abrazados por ti.

Libérate de esa relación dañina.

Doctora Isabel

Parejas intercambiables

❧

Hola doctora Isabel:

Yo escucho su programa por años y he tratado de comunicarme con usted pero no he tenido la suerte. Entré en su página web y por ese medio me enteré que le podía escribir y ahora lo hago.

Usted dice que hay que empezar siempre por el final, bueno pues este es mi problema. Estoy con mi pareja por cuatro años y por tres años a él se le ha ido diciéndome que quiere verme teniendo relaciones con alguien más. Él dice que eso nos unirá más y nuestra relación será más fuerte. Él me dice que tenga amigos, que me vista sexualmente, y que cuando tenga una oportunidad no la desaproveche. Me presenta con varios de sus amigos, los invita a la casa, pero yo siempre les hablo con respeto, nunca insinuando nada.

Cuando tenemos relaciones se la pasa diciéndome que le gustaría encontrarme así con alguien, y eso a mí me molesta mucho, me siento muy incómoda. Durante el día que me llama por teléfono me dice cómo estoy vestida, que si encontré algo por ahí en la calle.

Al principio pensé que podía sobrellevar esto hablando con él y diciéndole que a mí no me gustaba eso, que yo no soy así. Él me dice que no me cuesta nada ser una persona de mente abierta. Él ha querido llevarme a lugares donde se reúnen parejas y hacen cambio de parejas pero yo siempre me he rehusado a ir, porque a mí no me gusta eso y ahora pienso que él no va a cambiar.

Él tiene cuarenta y cuatro años y yo treinta y ocho. Tenemos un niño de tres años. A mi hijo y a mí no nos falta nada. Vivimos muy bien. Él es una persona muy responsable, buen padre, los dos somos divorciados, pero no sé qué hacer en esta situación. Esto ya me tiene muy estresada. Espero me pueda ayudar y espero pronto noticias de usted.

Roció

Querida Roció:

Esto es definitivamente una cuestión moral. Dices que en lo material estás bien. Pero ¿de qué te vale si emocionalmente te estás destruyendo? Si tu alma y espíritu te dicen que no quieres, escúchalos; por lo general esto termina en una situación intolerable, inmoral y además destruye el amor de una pareja.

Mi pregunta hacia ti es esta: ¿te gustaría que tu hijo, cuando sea mayor, sepa que esto es lo que su madre y padre hacen? ¿Te gustaría que él lo haga cuando sea mayor? No sé por qué me parece que las respuestas a las dos preguntas serian "no".

Eso no es amor. Cuando se ama, uno quiere lo mejor para la otra persona, y esto te convierte en un objeto que se pasa de uno al otro. Repito: ¡eso no es amor!

Cuídate a ti misma,

Doctora Isabel

Hombre adicto a la pornografía

Un saludo doctora Isabel:

Tengo un grave problema con la pornografía. A mi mujer le disgusta mucho el grado de la separación que tenemos. Yo no sé a quién más acudir que a usted; espero que me ayude o me diga a dónde ir. Yo vivo en el área de la Bahía de San Francisco.

Muchísimas gracias.

Estimado amigo:

Al igual que esta sociedad se ha convertido en una sociedad con muchas adicciones, creo que los vacíos emocionales también están siendo compensados por distintas adicciones, y por lo general la pornografía es una de las más difíciles de eliminar. Hay muchos factores que pueden influenciar en cuán fuerte pueda ser tu adicción. Si comenzó desde niño, y si ha llegado a ser más importante que la relación con tu mujer, definitivamente es difícil de controlar.

En el matrimonio por lo general la pornografía puede afectar negativamente y destruir la relación. Comprende que tu esposa al ver que tú te estimulas mayormente con la pornografía, entiende que ella solo es para ti un objeto sexual. Para ti, tu satisfacción sexual está más que nada en saciarte de forma personal y ella se convierte, cuando la buscas, en un objeto de placer, en vez de ser alguien con quien compartir las caricias por amor.

El problema mayor que tiene la pornografía es que se convierte, como en todas las adicciones, en el buscar de un poquito más cada vez, un tratar de emular lo que ves en los videos, y entonces te lleva a rastrear exigencias sexuales cada vez más preocupantes. Si tú consideras que estás en ese camino, necesitas buscar ayuda lo más pronto posible.

Lo peor es que, si se te ha convertido en una verdadera adicción sexual, el poder mejorarte significa que no es como con el alcohol o el tabaco, que no puedas volver a tomar o fumar. Es algo que guarda estrecha relación con el sexo, por lo que si quieres tener una relación amorosa con tu esposa estarás nuevamente expuesto. Solo un experto en esto te puede ayudar, pues al sexo no puedes renunciar, y no sólo contigo mismo, lo tienes que tener con tu esposa. Es un proceso y no todos los casos son iguales.

Te deseo suerte.

Doctora Isabel

Hombre adicto al sexo

Doctora:

La felicito por su programa y por la clase de persona que es. Soy un muchacho venezolano de treinta y cuatro años, casado con dos hijos. Adoro a mi familia, pero estoy teniendo problemas con mi esposa debido a que me gusta ver películas de adultos y ella me ha descubierto con ellas en mi mochila o en mi carro. El último problema fue que yo me suscribí en una página de conseguir parejas para encuentros íntimos, pero solo lo hice por simple curiosidad para ver el contenido de la página.

Ella me descubrió y me dijo de todo (insultos) y hasta que se quiere separar de mí. Yo la amo, pero mi curiosidad por la pornografía entiendo me ha llevado muy lejos. Me encuentro muy mal, aparte de esto yo amo a mi esposa a pesar de estar consciente de que le falté a ella.

Le prometí y le juré que más nunca iba a ver esas cosas, pero como ha sido en más de una oportunidad, ya ella no me cree y no la culpo, más bien la entiendo. Yo no necesito ver esas cosas para vivir ni mucho menos, pero sí me gusta verlas aunque estoy dispuesto a no hacerlo más nunca. Solo por nuestro bienestar como pareja y como familia.

Necesito que usted me ayude o me dé un consejo para ver qué puedo hacer para recuperar a mi esposa y nuestra vida en familia. Ella dice que yo tengo que ir a terapia o a un psicólogo porque estoy enfermo. Aunque yo creo que no es así, si eso a ella la tranquiliza lo haría con mucho gusto.

De antemano le agradezco y nunca pensé que después de escucharla tanto tiempo en la radio iba a terminar escribiéndole para pedirle su ayuda.

Muchísimas gracias. Un abrazo.

Estimado amigo:

Si sabes que lo que haces te causa problemas serios, entonces tu curiosidad es como la del gato, que lo mató. ¿Por qué lo haces? ¿No te das cuenta de que esto se te está convirtiendo en una adicción? Además, esa curiosidad te ha llevado a suscribirte a una página para conseguir parejas ¿por curiosidad?

Hijo, corre, pues te está alcanzando como cuando se enlaza a una vaca. Tienes que reconocer que es una adicción, y una de las adicciones que se pueden convertir en una de las más peligrosas, pues te lleva a otras, y además son difíciles de controlar.

El alcohólico, cuando entra en Alcohólicos Anónimos, sabe que no puede tocar la bebida ese día, es un día a la vez, pero no puede tomar alcohol en esa ocasión. Igual es la recuperación de aquellos con las drogas. El problema es que tú seguirás o buscarás esa relación sexual con tu esposa, o sea que no dejarás el sexo, pues es un sentimiento muy fuerte.

Si de verdad amas a tu esposa y quieres tanto a tu familia, necesitas ir a buscar a alguien que te ayude con esto: un terapeuta que trabaje con adicciones. Evita lugares que te lleven a buscar esas películas, inclusive las calles que te lleven a esos lugares. Te recomiendo que hagas yoga, además de la terapia. Entra en una vida más espiritual, para calmar esos impulsos. El resultado de la intervención pueda tener más éxito si no llevas mucho tiempo haciéndolo.

Trabaja para controlarlo y lo lograrás.

Doctora Isabel

Hombre que cree que tiene VIH

~§~

Hola Doctora:

Tengo una duda sobre si tengo SIDA o no. Esto pasó hace quince años. Soy casado con tres hijos y tengo treinta años. Nunca me he sentido mal y me gusta mucho el deporte. Tengo miedo porque supe que esa persona tiene SIDA y su esposo también. En ese tiempo ella era una señora de cuarenta y yo quince. ¿Qué consejo me puede dar?

Por favor si me puede contestar, gracias.

Hola amigo:

El mejor consejo que te puedo dar es el mismo que doy a muchos: enfréntense a su temor. En este caso, el de la duda sobre si tienes SIDA o no. Han pasado quince años de que tuviste una relación con alguien que ahora tiene ese diagnóstico. Existe una posibilidad grande de que no lo tengas, pero para tu tranquilidad, hazte el examen. No cuesta nada, pues hay muchos lugares que de modo preventivo lo realizan y te pueden dar una respuesta bastante rápida. Hasta ya venden pruebas que puedes comprar en cualquier farmacia o por Internet.

Además, el VIH es manejable con medicamentos eficaces (una pastilla al día) y con muy poco efectos secundarios. ¿Te acuerdas del jugador de

baloncesto americano, Magic Johnson? Hace más de veinte años que él
vive con el VIH y aún está sano.

Me imagino que si vives con esa preocupación, esto no solo te estará
afectando a ti sino también a la relación con tu pareja. Además, si de verdad te preocupa que puedas tener el VIH, ¿no crees que es un poco irresponsable, no averiguarlo? Tú no quieres que tu esposa lo tenga ¿verdad?
Actúa con responsabilidad, hazte la prueba.

Dos páginas de Internet para más información son: www.treathivnow
.com/hiv-facts/hispanics-and-hiv y www.cdc.gov/hiv/statistics/.

¡No deje que un virus te domina la vida!

Doctora Isabel

Hombre con esposa infiel

~§~

Hola Doctora:

Solo quisiera saber por qué, si ya descubrí que mi esposa me engaña, ella no lo acepta. He grabado conversaciones de ella con su amante, la he aguantado como tres años así, pero no sé qué hacer.

Yo la sigo queriendo. Ella dice que va a cambiar pero así me ha dicho siempre desde la primera vez que la descubrí, y eso ya tiene como tres o cuatro años y siempre sigue en lo mismo. Lo he hecho porque no quiero que mis hijos crezcan solo con uno de los dos, pero no cambia. Dice que sí me quiere pero lo sigue haciendo. Ya no sé qué hacer. Deme un consejo por favor.

Hola amigo:

Hay un refrán que dice, "no hay peor ciego que el que no quiere ver". Creo que te lo tienes que aplicar. Comprendo que me dices que la amas, pero en realidad lo que amas es lo que estás acostumbrado a tener, y realmente no es mucho, ¿verdad?

Tus hijos estarían mejor si tú, como cabeza del hogar, les enseñaras que puedes ser un buen padre, sin tener que continuamente estar dudando de la fidelidad de tu mujer. Me imagino, por lo que relatas en tu carta, que hasta te has convertido en un detective, siempre buscando, analizando, imaginando lo que ella está haciendo. Esa energía tan negativa, con el resultado de lo que has escuchado, es devastadora. Voy a tener que añadir al anterior refrán que "no hay peor sordo que el no quiere oír".

Recuérdate que la forma en que has estado viviendo estos últimos tres años, no es vida; es un subsistir día a día que te está afectando, y estoy segura de que tus hijos también estarán bien afectados. Sé que necesitas dejar de ser un adicto a una relación que no es buena para ti, que es tóxica. Hay programas como los de CoDA (Co-Dependents Anonymous), que poco a poco te irán abriendo los ojos a la realidad de una decisión que solo tú puedes tomar.

Tienes una realidad, ya que ella te quiere quizás como un amigo, un hermano que le ayuda a cuidar los hijos. El precio que estás pagando está socavando tu dignidad. Por eso ella no te respeta.

No esperes más para buscar ayuda, pues hay muchos como tú que sufren, amando sin ser amados, y engañados. La vida es demasiado bella para vivirla como tú la estás viviendo.

Haz algo.

Doctora Isabel

Hombre infiel y confundido

Hola Doctora:

Siempre me ha gustado conquistar mujeres. Nunca he negado que soy casado y con hijos, pero he sido infiel. Lo hago principalmente cuando tengo problemas con mi esposa y supongo que por autoestima; empecé poco después de casarnos. Pero nunca me habían sorprendido, aunque siempre he dejado y dado señales. Mi niñez fue problemática, disfuncional, pero yo quise a mi madre aunque tomaba mucho y era promiscua.

Intenté alejarme de mi esposa hace como diez años, pero mis hijos eran pequeños y no puedo vivir sin ellos. Por ellos preferí "aguantar" y llevar una doble vida. La "otra" no importa quién es, ella cambia y no mantengo relaciones largas, son solo ocasionales.

Hace tres meses conocí a alguien que me gustó, y hace como un mes tengo relaciones con ella, aunque no pienso hacer vida con ella. Desde abril o mayo quería vivir solo, o al menos en otro cuarto, porque cuando no estoy con mi esposa y estoy solo me siento feliz. Me relajo y no necesito portarme mal. Solo me quedo en casa y disfruto de música, de la tele y de mis hijos.

Suponía que soy el mejor padre y el mejor esposo. De he

cho siempre lo intenté con todas mis ganas. No tomo ni fumo. Soy muy responsable, jugué y conviví con mi esposa y mis hijos cada día de sus vidas hasta que crecieron. Lo que me hace en realidad sentirme mal es saber que fallé a la imagen de mí que hice para mis hijos, incluso mi esposa. A ella siempre le pedí que se controlara; ella me hace sentir una inmensa frustración y siento que me amarra y me aprisiona porque es muy posesiva. Pero lo que más me ha hecho sentir es frustración. Mi esposa es la única persona en el mundo capaz de deprimirme y hasta siento los brazos cansados y pienso que cómo no me pasa un accidente y muero, pero recuerdo a mis hijos y vuelvo a la vida.

Vamos a ir a consultoría. Ya tengo cita pero tengo miedo de que el objetivo sea juntarnos. Me gustaría que el objetivo sea lo mejor para mi esposa y para mí, sin afectar tanto a los hijos. Yo quiero que mi esposa lo asimile y se recupere y esté fuerte y entonces vemos qué haremos en el futuro, juntos o no. Yo estoy de parte de ella y ella merece lo mejor; yo quiero su felicidad y paz.

Gracias de antemano por su tiempo.

Estimado amigo:

No tengo que regañarte porque tu situación es lo suficientemente dolorosa para que entiendas que tienes que enderezar tu vida de una forma u otra. Primeramente debes ir a la consultoría, pero este es el momento para ser honesto, y ganar tiempo para tomar la decisión correcta.

La terapia de pareja no necesariamente tiene que ser para amarrar sino para liberar a la pareja, para ser más genuina, decir lo que sienten y, si se aceptan ciertas condiciones, puede un matrimonio salvarse.

Este matrimonio tiene varios problemas. Número uno: ella es muy posesiva. Ahora, no sé si es porque eres muy "coqueto" o si también es por la inseguridad que ella tiene. Tú mismo confiesas que has llevado una doble vida no solo ahora sino desde hace tiempo. Si esto se ha convertido en una adicción sexual; el complejo de conquistador al que antes se denominaba el "Don Juan", es un problema más serio y por lo general es señal de que no puedes tener una relación fija, de compromiso. Me inclino a pensar que ella sabe de tus debilidades, y combinado con el deseo de controlar que ella tiene, prefiere seguir contigo, pues también alimenta su deseo de hacerte sentir a ti mal, y a ella en un control de fantasía.

No leo en tu carta el deseo de seguir con ella ni de cambiar. Creo que tú has estado viviendo un mundo irreal, y ahora se te viene abajo, más que nada por la opinión que van a tener tus hijos de ti. Me sorprende que pensaras que tu madre fue buena, aunque alcohólico y promiscua. Creo que esa es la imagen que has creado y la que has adoptado para ti, aunque en este caso hombre. Creo que para eso es la terapia, para poner cierto control de cómo se le puede explicar a tus hijos, si llegaran a separarse.

Lo que sí te pido es que mientras tomes la decisión de arreglar "este potaje, ajiaco, o sopón", debes mantenerte sin relaciones con la otra o con ninguna. Como ingeniero que eres, evita construir "puentes amorosos", pues así sabrás si realmente puedes cambiar tu vida y llevarla por primera vez por un camino más honesto.

Sé honesto contigo mismo,

Doctora Isabel

Oyente preocupado por infidelidades

~o~

Hola Doctora:

¿Por qué se está escuchando sobre tantas infidelidades? Sobre todo de famosos, y también en su programa es notable la preponderancia de las llamadas sobre infidelidades.

Un saludo para ti, querido oyente:

No hay duda de que tienes razón. Se ve en las noticias con frecuencia y en mi programa es el pan de cada día. Precisamente en estos días traté el tema de cuáles son los sentimientos que experimenta la esposa, o pareja oficial, al conocerse la infidelidad, y cuáles son los sentimientos de la amante, y los de los hijos que nacen de estas uniones.

Fue impresionante el número de llamadas que recibí de hijos que nacieron de relaciones ilícitas, sus sentimientos, cómo fueron maltratados por los hermanos nacidos en matrimonios legítimos e inclusive cómo fueron maltratados por el padre o madre infiel.

No solo la esposa sufre, sino que es obvio que la familia entera sufre. ¿Por qué ocurre? Hay muchas razones, y distintos tipos de infidelidades. Por lo general para los hombres, el factor que lo los lleva es el impulso sexual; en el caso de la mujer, por los general son las emociones, sin intención de justificarlo, básicamente llenando vacíos emocionales.

La mayoría de los hombres, cuando son infieles, comienzan por sentir una atracción física, sexual. Ese instinto se despierta en muchos hombres por una necesidad de sentirse poderosos, capaces de conquistar a esa mujer que les llama tanto la atención. Es la función del "conquistador".

Cuando es un caso extremo, con frecuentes infidelidades, se trata del famoso "don Juan", pero yo le llamo el "infiel en serie". Esto puede ocurrir siguiendo un patrón que aprendió en casa, de su padre, tíos o hermanos. Los hijos de padres infieles pueden crecer pensando que así es como se comportan los hombres o que las mujeres no valen nada y pueden hacer y deshacer con ellas lo que quieran. Claro que no todos son así, muchos al observar el sufrimiento que ocasionan, no lo hacen.

Para los hombres, sentirse poderosos, exitosos, en los negocios o en el sexo, es importante si no tienen un balance con los valores. Aun así, cuando tienen fracasos laborales, económicos, contrariedades y distintos tipos de estrés, buscan en una relación sexual un escape a esas situaciones negativas.

Está también el caso de aquellos que son narcisistas, que buscan continuamente la confirmación de que son atractivos y que pueden conquistar.

Detrás de todo esto está la creencia de que yo lo puedo todo.

Espero que esta explicación te lo haya aclarado un poco.

Hombre con disfunción sexual

Hola doctora Isabel:

Primero le envío una felicitación de año nuevo. Mi pregunta es vergonzosa, frustrante, me deprime y desespera. Cuando estoy con una mujer en la cama no puedo terminar.

Tengo veintiocho años, estoy en buena forma, no tomo drogas ni nada. Cada vez, cuando estoy con la misma mujer me pasa lo mismo. Es estresante porque ninguno de los dos termina, yo a ella la amo demasiado y ella lo sabe. Nos queremos mucho pero en la cama es el gran problema. Lo siento cuando estoy con ella, al comienzo cuando estamos excitados sí disfrutamos, pero después no puedo acabar, eyaculo un poco en el acto y lo veo en el preservativo. Pienso que lo estoy haciendo bien y después de un largo tiempo casi una hora, mi miembro pierde la erección.

Cuando me toco no tengo el problema, solo cuando estoy con una mujer. Será que no tengo mucha experiencia tal vez, me desespero porque no la quiero perder. La conozco desde julio de 2012 y hasta ahora hablamos, pero solo estuve con ella tres veces contadas. La tercera vez estuve mejor y me gustó, pero después perdí mi erección.

Estoy desesperado como hombre. Soy su príncipe en el buen sentido la palabra y un gentleman, pero en la cama qui-

siera ser su hombre. Quisiera hacerlo sin tomar pastillas azules, que he pensado usar pero tengo miedo. Será porque me
toco casi todo el tiempo y mi cuerpo no se ha acostumbrado
al de una mujer.

Por favor ayúdame.

Hola amigo:

Gracias por confiar en mí sobre este tema. Hay muchos factores que
están jugando un papel en la situación que pasas en relación con el acto
sexual. Eres un muchacho joven y saludable por la vida que llevas. Pero está
el factor de la masturbación frecuente, que aunque no es mala, el exceso de
la misma te ha acostumbrado a la autosatisfacción, que tiende a ser más
rápida y sin tener que compartir caricias con nadie.

Por otro lado, no entiendo lo que dices sobre que cuando eyaculas,
después pierdes la erección. Si es eso lo que estás experimentando, te diré
que eso es común. El hombre, una vez que llega a su clímax, la erección en
la mayoría de los casos la puede perder, y después toma un tiempo para
poder volver a tener otra. La mujer es diferente, puede llegar a tener múl-
tiples orgasmos sin necesidad de esperar a excitarse nuevamente.

Lo que también debes es en no dejarte llevar por la excitación propia
porque te precipitas en el orgasmo. Si estás en una posición que te está
llevando por ese camino, cámbiala y sigue disfrutando hasta que ella esté
lista para tener el de ella.

Lo otro que puede estar pasando y que muchos hombres no comprenden, es que no todos los condones tienen la misma talla. Quizás tienes que
ir a esta página de Internet para mirar una tabla de tallas para que compres
el correcto para ti. La página es http://www.condom-sizes.org/condom
-size-chart/condom-size-chart#more-16. Posiblemente el que te estás poniendo te queda pequeño.

Te pido por favor que no se te ocurra usar las pastillas azules, pues eres muy joven. Si después de esto que te recomiendo no ves la mejoría, ve a ver a un urólogo que te examine. Puede ser que también estés pasando por un periodo de depresión, que puede estar afectando tus deseos sexuales. Para esto último puedes buscar ayuda terapéutica.

No te preocupes, tu problema tiene solución.

Doctora Isabel

Madre preocupada por conducta sexual de su hijo

~§~

Doctora Isabel:

Me da mucho gusto poder contactarme con usted y compartir estas dudas que como madre tengo en estos momentos. Tengo un hijo de once años al que considero muy sano, tanto física como psicológicamente debido a los valores que le hemos inculcado y a la educación que le hemos dado.

Recientemente he notado que ha cambiado, y lo he visto en repetidas ocasiones tocándose sus partes como descubriéndose algo. Esto nos tiene muy preocupados a su padre y a mí y queremos ayuda para saber si es normal a su edad y si no lo llegará a afectar de alguna manera.

Espero su respuesta por favor, en la medida de sus posibilidades.

Gracias.

Hola amiga:

Te comento que, por lo general, los jóvenes tienden a masturbarse a esta edad. Que tu hijo lo haga no significa que no continúe siendo un muchacho mentalmente sano. Me extraña que tu esposo no se recuerde cuando él tuvo esa misma edad. Lo que tienen que hacer es hablar con él y enseñarle buenos modales, porque de eso se trata.

No hay cosa más fea que ver a un hombre, o una mujer, tocándose sus partes enfrente de todo el mundo. Se le dice que si quiere tocarse o explorarse, tendrá que hacerlo en el baño, de forma reservada, pues es una falta de educación estarse tocando en público. Además, si otros lo ven, pueden pensar que está haciendo algo inapropiado y reportarlo como indisciplina en la escuela.

A esta edad a los muchachos hay que mantenerlos activos, en deportes, siempre haciendo algo. Mayormente esto ocurre cuando están sentados la mayor parte del tiempo delante de un televisor y no saben qué hacer con las manos.

Tienes que hablar con él, y explicarle lo inapropiado de este comportamiento en público. No hay que decirlo en tono de ira, se le dice suavemente y con paciencia.

Doctora Isabel

Madre preocupada por su hijo gay

~·~

Doctora:

Le escribo porque necesito hablar con alguien sobre un hijo gay que tengo. Me siento sola y sin saber con quién comentarlo.

Hola amiga:

En tus pocas palabras se reflejan el dolor, la duda y hasta los sentimientos de culpabilidad que experimentas. No es fácil para un padre o madre aceptar la realidad cuando saben que ese hijo o hija no será como se lo imaginaban. Hay veces que se sienten que los tienen que esconder del mundo debido al "estigma" que la sociedad les da a estos jóvenes.

No me dices qué edad tiene tu hijo, ni cómo supiste lo de su orientación sexual, si pudiste o no hablar pacientemente con él. Si es muy joven, menor de dieciocho años, ofrécele que asista a un psicólogo para que hable de sus inseguridades y su autoestima; en otras palabras, para que pueda sentirse seguro de lo que está hablando y sintiendo.

Hay programas que ayudan a los padres a hablar de esto con otros padres cuyos hijos están en una situación similar. En Internet encontrarás el portal pflag.org. Te puede indicar de encuentros que te ayudarían a comprender esta situación al igual de cómo puedes respaldar a tu hijo y mejorar la comunicación con él.

No te desesperes, dale todo el amor incondicional que solo una madre puede ofrecer. Él necesita tu apoyo.

Doctora Isabel

Muchacha que salió del clóset

~o~

Doctora Isabel:

Mis padres se enteraron de que soy "gay". No lo aceptaron y no estoy esperando que lo acepten pero me siento sola. Es algo que no puedo explicar. Me siento como basura.

Yo sé que defraudé a mis padres, ellos me lo dijeron. Yo quise decirles muchas veces pero yo tenía miedo de su expresión.

Hola estimada lectora:

Primero quiero felicitarte por haberte enfrentado a tus temores, y por haberles dicho a los seres que más quieres quién eres y lo que sientes. Pero al mismo tiempo, recuerda que tu sexualidad no es la que te define, sino tus cualidades como ser humano, tu comportamiento en la sociedad y el ser responsable de tu vida.

Tú no eres basura, tú fuiste creada para una misión especial al igual que cada uno de nosotros. Esto que te duele te hará más fuerte, pues te vas a tener que enfrentar a tu arquetipo. Al enfrentarte a la mujer que se siente rechazada, encontrarás a la mujer que sabe ser compasiva pero firme con aquellos que no te comprenden. Eso te hará mejor.

Habla con un miembro de tu familia que te comprenda; dile cómo te sientes, pero también te ayudará con tus padres. Hay un programa magnifico cuyas siglas son PFLAG (www.pflag.org), y son familiares y amigos de lesbianas y gays. Se reúnen con frecuencia, y tus padres y el resto de la familia se sentirán comprendidos en ese grupo y con mucha aceptación.

No me dices tu edad, pero mi consejo es que te prepares en la vida. Esfuérzate en tener éxito profesional y también trata de participar en grupos como Bienestar en California y también el Yes Institute (www .yesinstitute.org). Esto te ayudará dándote las herramientas necesarias para sentirte mejor contigo misma.

¡Fuerza!

Doctora Isabel

Mujer con problemas de virginidad

Hola Doctora:

Soy casada, tengo diez años de matrimonio y veintisiete de edad. Mi esposo tiene cuarenta y seis. Cuando nos unimos yo no era virgen, y ahora siento que ese es el motivo de mis problemas, pues ahora me lo reprocha cada vez que hay una discusión. Me dice que claro, es un tonto por juntarse con mujeres ya cogidas, y eso me duele mucho. Siento que por no haber sido virgen no valgo mucho, yo también cometí mi error.

Le comenté que amaba a otra persona, ese fue mi primer novio. Al segundo noviazgo me entregué pensando que sería para siempre porque mi primer novio me engañó con una mujer mayor. Y ahora me doy cuenta de que al que amé siempre fue al primero, y un día de coraje con mi esposo le dije que quería a otra persona, y ahora todo el tiempo son puros reproches. He pensado en dejarlo, pero me duelen mis hijos, y no sé si les causo más dolor así o separándonos.

Otro de los problemas es que me prohíbe salir a lugares, como por ejemplo a la tienda. Dice que si no hay algo importante a que ir, no tiene caso que vaya, que él me enseñó a manejar solo para en caso de emergencia. Si me invitan a algo y él no está, mejor no voy. Siempre tengo que salir con él, y no me gusta, porque siento que me quiere controlar en todo. También, antes de todo esto, primero era porque no lo complacía en el sexo oral, total que de tanto y tanto terminé por hacerlo. Pensé que íbamos a estar mejor, y me volví a equivocar. Bueno eso creo yo, porque las cosas siguen igual. También no lo dejo porque me da temor de Dios si lo abandono. No sé qué es lo mejor para los dos y nuestros hijos que tienen la edad de ocho y seis.

Ayúdeme por favor. Gracias por su tiempo.

Estimada amiga:

¿Por dónde empezar? Tienes diez años de matrimonio con un hombre que es mayor que tú, que cuando tenías diecisiete años te uniste a él con treinta y seis. Además le dijiste desde un principio que no eras virgen, y él te aceptó. Tuviste dos novios, uno que dices que te dejó por una mujer mayor. ¿Qué edad tenías entonces? Después por despecho te uniste a otro, el segundo, a quien te entregaste.

Después te uniste a este señor, y ahora cuando peleas con él le dices que realmente amas al primero. ¿Tú has perdido la razón? ¿Cómo vas a amar a alguien que te rechazó por otra? Ahora utilizas esa fantasía enfermiza para echarle en cara eso. Yo creo que el problema es que tú no piensas correctamente. Y tienes que comenzar por saber qué es lo que tú quieres en tu vida.

Sé que tienes dos hijos que necesitan de tu amor, cariño y guía. Pero primero tienes que amarte tú, buscar ayuda para levantar tu autoestima que hace mucho tiempo la perdiste.

No te juzgues por tu falta de virginidad, eres más que un himen. La integridad se puede lograr aun ahora. ¿Cómo? Definiendo cuáles son tus valores, cuáles son los que realmente necesitas en tu vida para vivir una vida con paz y dignidad. Tienes que hacerlo por ti primero, y por tus hijos después. Quizás en estos momentos dile que tú vas a buscar ayuda, pues no puedes continuar viviendo así. Pídele un tiempo, por ejemplo seis meses.

Los grupos de CoDA (Co-Dependents Anonymous) te pueden ayudar, y le dices a él que el camino que quieres llevar es para encontrarte a ti misma y convertirte en la mujer que puedes ser, no un monigote.

Mucha suerte,

Doctora Isabel

Personas con
trastornos mentales variados

Mujer con problema de neurosis

~o~

Hola doctora Isabel:

La he escuchado en su programa mencionar mucho el programa de Neuróticos Anónimos. Yo creo que ese programa me ayudaría ya que mis emociones siempre me hacen pensar y hacer cosas que después que las hago me hacen sentir mal. Vivo en Montebello, California y no sé si tendrán un programa allí en español.

¿Me podría ayudar?

Estimada amiga:

Te escribo directamente y también te respondo a través de un periódico local, para que todos los que lean tu carta comprendan lo que es el grupo de Neuróticos Anónimos, y que también se informen de que hay reuniones no solo en California, sino también en la Florida y en todos los Estados Unidos, además de a nivel mundial.

El programa de Neuróticos Anónimos funciona al igual que el de Alcohólicos Anónimos, basado en los doce pasos. Es una asociación de personas que se reúnen para resolver sus problemas emocionales y su único propósito es el de ayudar a las personas a modular sus emociones. No se pagan cuotas ni contribuciones. Las personas recuperadas ayudan a los que aún están sufriendo. Todos pueden asistir a las sesiones abiertas de

Neuróticos Anónimos, y a las sesiones cerradas solamente aquellos que sufren dolencias emocionales, en las cuales siempre serán bienvenidos.

Por esta descripción te darás cuenta de que este programa te ayudará. Esto no es una pastilla, es una manera de mirar la vida diferente, y con el propósito de cambiar tu forma de vivir. Uno de los sentimientos que más comúnmente se tiene que trabajar en casos como el tuyo es el sentimiento de culpa, y en los programas te ayudarán a reconocerlo y también a perdonarte a ti misma.

Te voy a dar el teléfono de la oficina central de Neuróticos Anónimos en California, en Redondo Beach: (310) 516-1051. El de Montebello, que tengo entendido que se reúnen en un restaurante, es el (323) 720-9411. El número de la Oficina Central Hispana de Neuróticos Anónimos es el (323) 773-7141. Por supuesto que los que viven en Miami, pueden llamar al United Way para recibir orientación.

¡Verás que bien te vas a sentir!

Doctora Isabel

Hombre mitómano

Doctora Isabel:

Mi nombre es Juan Pablo. Mi problema es que soy muy
mentiroso y no pido disculpas a las personas que ofendo.
¿Hay ayuda para alguien como yo?

Querido amigo:

La mentira es una forma de eludir la realidad y, por tanto, la responsabilidad que tendría el afrontar la verdad de alguna cosa. Hay algunos trastornos sicológicos que llevan asociada la mentira como forma de evitar
alguna circunstancia. El problema es que a la larga se llega a convertir en
hábito y puede suponer un trastorno sicológicamente denominado Trastorno en el Control de Impulsos.

Existen cuatro tipos de manifestaciones de la mentira: la que se dice en
forma esporádica (todos alguna vez mentimos), la evolutiva (de niño), la
que se dice como producto de un padecimiento sintomático, para obtener
atención gracias a la creación de un falso personaje, y la efectuada como
conducta repetitiva. Esta es la mitomanía, en la que se vive para y por la
mentira.

El mitómano utiliza la mentira como conducta de vida, falseando la
verdad respecto a los hechos, cosas y personas, con el objetivo de hacer un
daño. Esa conducta obsesiva se puede observar en tres tipos de personali-

dad: la psicótica (producto de un delirio —no me parece que este sea tu caso), la perversa (la mentira que se utiliza como un instrumento para falsear hechos y dichos) y la neurótica (se necesita de la misma para llamar la atención).

Ya eres un adulto, y creo que se te ha convertido en una obsesión de la cual tienes conciencia porque has buscado ayuda para analizar cómo y a qué personalidad pertenece tu comportamiento. Eso es un primer paso positivo. El problema es que tienes que tomar la decisión de si vas a mentirle al terapeuta (y muchos lo hacen). Es decir, si quieres comenzar a cambiar, y no es fácil, tienes que determinar si este comportamiento ha hecho tu vida imposible, y decidir que necesitas ayuda.

La mentira compulsiva es difícil de tratar, pues además puede esconder otras conductas, como la compulsión al juego o a las adicciones. Si tienes otro tipo de compulsión, como adicciones, los programas de los doce pasos te pueden ayudar, como los de Alcohólicos Anónimos o Neuróticos Anónimos.

Si bien la mentira forma parte del ser humano desde su niñez, la conducta repetitiva de faltar a la verdad desde que uno tiene uso de razón, deja de ser normal y se convierte en un problema patológico que hoy puede resolverse con intervenciones terapéuticas.

¡Hoy es tu día, cambia!

Doctora Isabel

Mujer agobiada por sus tarjetas de crédito

Hola Dra.:

Mi nombre es Elsa y le estoy escribiendo porque quisiera que me ayude. Tengo un bebé pequeño y lo estoy cuidando en casa, pero a veces me atormentan las llamadas para cobrar tarjetas de crédito. No tengo tantas, solo cuatro y no pasan de los $300. Mi esposo me las paga, pero a veces veo que no puede. Él trata de pagarlas a tiempo, pero en ocasiones no puede y eso me tiene la cabeza con un poco de estrés. No le digo que haga el pago porque lo oigo hablando con las compañías de las tarjetas, pues él también tiene atrasos en sus pagos. Somos cuatro de familia, con un niño de dos años y otro de cinco.

¿Qué me aconseja que haga?

Elsa:

Comprendiendo que la situación económica es bastante estresante para todos, en el caso tuyo creo que se trata de no tener un presupuesto para planificar lo que debes guardar de cada cheque del salario para responder a las obligaciones mensuales. No hacer esto es vivir a la buena de Dios, y abiertos a esas llamadas tan desagradables.

Prepara un papel y divídelo en dos columnas. Una es para lo que entra en cada pago, y la otra es lo que sale, por las tarjetas, los pagos, ya sea renta o hipoteca, electricidad, agua, teléfono y otras cuentas. Entonces suma la columna de la entrada, y suma la columna de gastos. Compara si los gastos son más que la entrada. Muchas veces tenemos que cortar los gastos y ser más conscientes.

Muy importante es que llamen a las compañías de las tarjetas de crédito y saber cuánto están pagando de intereses. Comprende que cada vez que demoran un pago, les pueden aumentar el interés. Puedes negociar un interés más bajo pero con la promesa de que vas a pagar a tiempo todos los meses. Muchos esperan al día antes para mandar el pago por correo; comprende que no va a llegar a tiempo.

Deben dejar de usar las tarjetas hasta que las paguen todas. Comienza por pagar más en la que debes menos, pues la puedes terminar de pagar más rápido, y así lo que le pagabas a esa, les mandas a las otras.

No contestar el teléfono o ponerte nerviosa no te ayuda. El enfrentarte a tu realidad económica te dará la fuerza para tomar el control de tu economía. Toma las cuatro tarjetas y fíjate en la fecha de pago. Tienes que pagarlas una semana antes. Después siéntate con tu esposo, con tu plan. Verás que te va a respetar más y dile que puedes ayudarlo a pagar a tiempo las tarjetas. Tienes que separar una cantidad en cada pago, para que así no te atrases.

Lo importante es que tomes una posición más activa en lo que se refiere el presupuesto de tu hogar.

Doctora Isabel

Carta de Antonietta, una mujer deprimida

Dra. Isabel:

Siempre fui una muchacha alegre, sin miedo a nada, pero después de tener a mi hijo hice una atonía uterina. Vivía en Cuba en un pueblo distante, y en el trayecto al hospital padecí dos accidentes, pero por esfuerzo de los médicos fui salvada y conocí al único hijo que tengo, y que cuenta hoy con dieciséis años. Durante la gravedad, nunca perdí la conciencia. Al niño lo vi catorce días después de nacido y quizás eso fue lo que me dio fuerzas para sobrevivir.

En estos momentos me siento sin ganas de vivir, tengo dolores musculares, que se arrecian cuando estoy tensa y eso sucede con frecuencia porque no amo la vida y siento que tendré paz solo cuando muera. Le tengo miedo a todo y esto afecta mi matrimonio pues me he vuelto asexual. Me siento fea, uso espejuelos, quizás me sentiría más atractiva sin ellos. Cuánto hubiera dado por tener más hijos pues me sentiría más alegre y acompañada. También era una persona religiosa y he perdido la fe y la confianza. Me molesta todo, no oigo música, no me arreglo. Siempre estoy pensando que algo malo va a ocurrir. ¿Qué hago para no abandonar esta vida y sobre todo a mi esposo y mi hijo?

Saludos,

Antonietta

Amiga:

No sabes cómo me conmueve el saber que eres de mi querida Cuba. Lo que describes es una depresión clínica de hace mucho tiempo y se ha vuelto crónica. Los estudios para el tratamiento de ese estado tan severo indican combinar fármacos con terapias en las que se aplique analizar las situaciones desde un punto de vista real y cognitivo.

Te daré un ejemplo: piensas que todo lo que te ha pasado, es producto de algo que ocurrió hace dieciséis años. Ese es el pasado, sin embargo lo sigues cargando dentro de ti, sin dejarlo ir. Estás llena de resentimiento, y no has resuelto absolutamente nada. Tienes un hijo y un marido a quienes tu resentimiento les está afectando.

Tú vives comenzando cada pensamiento con: "si yo no tuviera que ponerme espejuelos, sería bonita". Sin embargo, hay personas con espejuelos que son hermosas, se arreglan, e inclusive los espejuelos sirven de marco para sus ojos. "Si hubiera tenido más hijos, sería feliz", sin embargo, el que tienes está esperando que despiertes y lo veas y le digas, "qué feliz soy de haberte logrado".

Los dolores musculares que padeces pueden responder a varios factores: tu tensión, también tu alimentación. No te quedes en la casa, camina, haz ejercicio, canta, eso te alimenta el alma. No permitas pensamientos negativos, por muy difícil que sea. Si comienzas un tratamiento como el que te describí, y te propones seguirlo, comenzarás a ver las cosas buenas de la vida, el amor de tu hijo y el de tu esposo.

Piensa que a unas cuantas millas habrá alguien pensando en ti. Ojalá pudiera mandarte uno de mis libros, el de la felicidad, para que trabajes por vencer tus estados de ansiedad y de depresión.

Sé que nos mantendremos en comunicación.

¡Que Dios te bendiga!

Doctora Isabel

Mi hijo tiene ludopatía

~~

Querida Doctora:

Mi hijo único está luchando con la terrible adicción del juego. Por favor, escriba sobre el juego compulsivo y sus graves consecuencias. Hay que concienciar a la gente de este terrible mal.

Hola:

Primeramente quiero agradecerte que me des la oportunidad de escribir de algo que se ha convertido en una problemática familiar. En los últimos años ha aumentado el número de personas que juegan incesantemente, apostando no solo su salario, sino lo que han tenido guardado para los estudios de sus hijos. Ha habido hogares destruidos, casas perdidas y seres humanos que terminan con su vida por esta dura adicción. Se la define como "ludopatía".

La ludopatía es un trastorno del comportamiento, que refleja la psicología del individuo, y consiste en la pérdida de control en relación con juegos de apuesta, juegos de video, de computadora, etc. La existencia del mismo aparece hace muchos siglos, en lo que se refiere a los juegos de azar. En algunos estudios, se ha llegado a la conclusión de que la excitación de ganar, o inclusive del riesgo de perder, puede ser un componente para el jugador, para contrarrestar los niveles de estrés o ansiedad que sufre, aunque sea una estrategia mal adquirida.

Con los juegos en Internet y de video, estamos observando que los jóvenes que desde pequeños los han estado practicando, empiezan a reflejar los mismos síntomas que los adictos a la cocaína: si se les quita la opción de jugar, demuestran comportamientos negativos y destructivos. Se observa que en un extremo tenemos a jóvenes que amenazan con enfurecerse si alguien les sugiere que se alejen de sus computadoras. Algunos jóvenes, cuyos padres les quitan el uso de esos juegos para que se acuesten y vayan a dormir, esperan a que ellos se retiren para continuar haciéndolo. Uno de los indicadores es el hecho de que les cuesta trabajo levantarse para asistir a la escuela; inclusive sus calificaciones empiezan a bajar. Y, en un extremo, se han reportado casos en que la obsesión va a tal punto de dejar de comer y dormir para continuar jugando.

Los reportes de relaciones que se terminan porque sus parejas los han abandonado por el juego está en aumento. Prueba es el gran número de terapeutas que se especializa en esta adicción.

Para los que buscan ayuda, pues han llegado al final, han tocado fondo reconociendo que lo han perdido todo, lo que recomiendo es el programa de Jugadores Anónimos, basado en el programa de doce pasos de Alcohólicos Anónimos.

Ayuda a tu hijo a encontrar alternativas a los juegos de video. Puedes empezar enseñándole a disfrutar de la naturaleza y el aire libre, juntos.

Doctora Isabel

Hija que no puede superar
la pérdida de su hermano

—⟨∞⟩—

Doctora Isabel:

Me llamo Vasca y quisiera que me oriente para que pueda ayudar a mi hija que tiene veintiséis años y es muy inestable tanto emocionalmente como laboralmente. Ha tenido relaciones amorosas destructivas. En un año que ha estado en Nueva York ha tenido diez trabajos y ella los ha dejado y es irresponsable.

Sufrió mucho por la muerte de su hermano mayor y no lo ha podido superar.

Quisiera que me ayude, mi madre la ve en Nueva York ya que las dos viven ahí.; yo vivo en el D.F. y estoy pensando en irme si es necesario a Estados Unidos pero tengo un adolescente de doce años que va bien aquí en México. No sé qué hacer.

Gracias y que Dios la bendiga.

Hola madre preocupada:

Comencemos por darnos cuenta de que el hecho de que tu hijo mayor se haya muerto puede que afecte a cualquier miembro de la familia, y también es natural que a ella le haya afectado. Pero su comportamiento con relaciones amorosas ha sido optar por relaciones destructivas. De igual manera, no ha podido mantenerse en un trabajo, o ha tenido comportamientos negativos en los mismos. Si le añades el hecho de que tú, su madre, no está aquí con ella, aumentan los factores que pueden estarle afectando profundamente su condición emocional. Entonces, por lo que nos podemos dar cuenta, ella tiene problemas emocionales lo suficientemente importantes como para estar en terapia.

Por lo menos ha sufrido por mucho tiempo ansiedad y depresión. No me dices cómo murió tu hijo, pero al describir el tema de la carta que me mandaste escribiste inestabilidad de los hijos. ¿Es que se suicidó? Si es así, tienes que hablarle, convencerla para que busque ayuda. Cuando ha habido suicidio en una familia, la posibilidad de otro suicidio aumenta.

Quizás, si pudieras venir solo para ayudarle a tomar la decisión de buscar ayuda, o si la abuela puede instalarla a que lo haga, y tú venir aquí para verla más adelante, sería un buen paso a dar. En Nueva York hay un grupo en español, llamado Neuróticos Anónimos Grupo Amor y Paz, al cual ella puede asistir y por lo menos para que aprenda a modular sus emociones. El teléfono es: (516) 754-8044 y (516) 244-6332. Se reúnen de lunes a viernes a las 7:30 p.m. y los sábados a las 5:00 de la tarde; también el domingo a las 12 p.m.

Dale la información a la abuela, habla con tu hija con compasión y comprensión.

Doctora Isabel

Hija con problemas con la verdad

~

Hola Doctora:

Necesito de su consejo. Mi hija es mentirosa. Ella viene de El Salvador a vivir conmigo. Ella tiene diecisiete años y llega en un mes. ¿Cómo debo confiar en ella si ella miente en todo? Aparte es adicta al Facebook pero usa otra personalidad.

Hola amiga:

Lo primero es que la recibas con amor y cariño, y te des cuenta de que tú estabas ya aquí, y ella se quedó allá con alguien de la familia. Realmente tú no sabes por lo que ella ha podido pasar.

Me dices que miente mucho, que es adicta al Facebook donde se identifica con otro nombre o identidad. Creo que esto puede tener muchos significados diferentes. Por ejemplo, hay personas que mienten mucho porque su realidad es muy triste y fea. Mienten también por temor de decir la verdad ya que pueden recibir consecuencias duras.

Comienza con ella con felicidad; que tenga su cuarto cómodo, si te es posible. *No* la llenes de regalos, pues te comenzará a manipular, ya que en sus ojos "me abandonaste" y debe ser "porque no me quieres". Te digo esto porque lo escucho constantemente en el programa.

Sé que muchos se van de su país, buscando una forma mejor de vivir y para proveer económicamente a su familia; es bastante común con la gente de El Salvador. Pero ella quizás no lo vio así. Recuerda que lo que tú mandabas allá, a lo mejor no le decían. No sé si pasó por necesidades o simplemente no sabía que tú estabas mandando dinero para mantenerla.

Una pregunta que te tienes que hacer es la siguiente: ¿la persona o personas con quienes la dejaste, ¿cómo te trataron a ti de pequeña? Pues hay una posibilidad bastante grande de que la hayan tratado igual o peor de como te trataron a ti.

El comportamiento que me describes puede ser de una niña que está frustrada hace mucho tiempo, que te ha extrañado, y que se ha preguntado muchas veces "¿por qué mi mama no me llevó con ella?". Habla de corazón a corazón con ella, poco a poco, pero con mucha comprensión y amor.

Se tú el escritor del libreto de tu vida.

Doctora Isabel

Hija con ataques de pánico

~o~

Hola:

**Mi nombre es Beatriz y la razón de mi correo es buscar
ayuda para mi cuñada. Ella vive en Tampa, Florida, y hace
poco empezó a tener ataques de ansiedad (bueno, eso creo
yo, según lo que ella me platica).**

**Ella en Tampa y yo en Chicago. Me pidió si yo la podía
ayudar a buscar ayuda y en realidad no sé cómo o con quién.
Ella dice que algunas veces le dan ganas de llorar y no se
puede controlar. También le suspendió su ginecólogo unas
hormonas que estaba tomando por muchos años. ¡Por favor
ayúdenos!**

Dios los bendiga.

Hola Beatriz:

Gracias por ayudar a tu cuñada. La última oración es la que me indica
la posibilidad de que estos cambios emocionales sean causados por la sus-
pensión de las hormonas que ella estaba tomando por muchos años. Los
niveles bajos de estrógeno, una de las hormonas que ella estaba tomando,
pueden causar cambios emocionales. Este desbalance de estrógeno puede
causar que ella se sienta nerviosa, deprimida, cansada o de mal genio. De
igual manera, puede presentar problemas de concentración.

El primer paso para ella es visitar a un ginecólogo que le mire sus niveles hormonales. No sé si la razón por la que le quitaron las hormonas es que lleva mucho tiempo tomándolas y se han presentado condiciones de enfermedades de hígado, presión arterial alta, cáncer familiar en el seno o el útero y ovarios.

El médico es el único que puede identificar si lo que ella está reflejando es un desbalance hormonal. También ella tiene que ayudarse haciendo ejercicios regulares, tres o cuatro veces a la semana por treinta o cuarenta y cinco minutos. Además debe llevar una dieta saludable y una rutina para dormir, pues muchas veces cuando no se duerme bien ni suficiente se puede sentir depresión.

Le recomiendo que asista al grupo de Neuróticos Anónimos de Tampa. Ellos son un grupo de hombres y mujeres que comparten su experiencia, fortaleza y esperanza para poder resolver sus problemas emocionales. En Neuróticos Anónimos no tienen que pagar cuota y se mantienen por contribuciones voluntarias. Ellos no pertenecen a ninguna secta religiosa, ni política, ni organización o institución alguna. Dile que puede llamar las veinticuatro horas del día al (813) 873-2461.

¡Hay esperanza!

Doctora Isabel

Liberarte del pasado es clave
para tener un futuro prospero

$\sim\!\!\varsigma\!\!\sim$

Queridísima Doctora:

Tengo un problema con mi mamá. Ello no sabe disfrutar de momentos felices con mis hijos y esposo. Siempre me está recordando de su triste pasado. ¿Cómo la puedo ayudar vivir en el presente?

Hola hija preocupada:

Liberarse es la clave para vivir en el presente. Liberarse de lo que nos hace infelices, los pensamientos, sentimientos, creencias que nos atan, es la clave de la felicidad. No podemos eliminar nuestro pasado y tampoco podemos asegurar el futuro. ¿Y de qué nos liberamos? De todo aquello que nos ha causado malestar emocional que nos arrastra por esas experiencias desagradables que hemos tenido en nuestra vida. El liberarse finalmente, es poner nuestro reloj emocional en cero y vivir la vida sin el peso de los errores del pasado.

Pero, ¿cómo se logra? Hay ciertos elementos esenciales para lograr esa curación y lograr un crecimiento.

1. Hay que quererse lo suficiente para darse tiempo para facilitar la autocuración y lograr el crecimiento. Hay que tener y demostrar interés en uno mismo.

2. Tomar cuidado de uno mismo. Cuidado físico, espiritual e intelectual. Esto activa el corazón, y permite que te sientas mejor contigo mismo. Entonces el verdadero yo sale y ocupa el centro del escenario.

3. Hay que tener disposición para observarse. Para comenzar a cuestionarse.

4. Tenemos que tener paciencia con nosotros mismos, ya que nos hemos maltratado emocionalmente por mucho tiempo. No podemos pensar que en unos días o de la noche a la mañana vamos a notar el cambio, el cambio interior que nos lleva a la felicidad.

5. Tener valor para enfrentar y reconocer como propias las circunstancias que nos rodean, en lugar de echar la culpa a razones externas. Sin ese valor, el miedo toma las riendas y nos dirige la vida. Una vez que nos liberamos de los miedos descubrimos que ya el valor sale en automático.

Lo principal es reconocer que lo que te voy a recomendar hay que aplicarlo a diario. Si solo se hace de vez en cuando, no se tendrá el resultado que realmente lleva a la paz, a la felicidad, a nuestra naturaleza que nos provee todo lo que necesitamos.

Liberarnos significa actuar desde un lugar de paz interior. Piensa en algo de tu vida con lo que te gustaría sentirte en paz, algo a lo que quizás estás aferrado, algo a lo que estás apegado o algo que te causa sufrimiento. Tómate tu tiempo y conéctate con lo que te hace sentir ese algo... obsérvate, sintiendo lo que sientes. Entonces responde: "El único motivo de no estar en paz es... (rellena el espacio en blanco)". ¿Qué te impide estar en paz con eso? Cuando descubras lo que te lo impide, sabrás entonces de lo que tienes que liberarte, lo que necesitas soltar.

Cuando experimentes el sentimiento dices, "no necesito sentirlo ahora, lo quiero dejar ir". Esto lo puedes hacer con los ojos cerrados o abiertos, imaginándote el sentimiento como si fuera algo material. Hay veces que yo lo visualizo como un pájaro que vuela muy alto; otras veces como una nube que sigue su camino y de esa forma me desconecto de ese sentimiento. No intentes insistir en analizar el sentimiento. Déjalo ir. Si te aferras a él, se fortalece. La clave es observarlo y dejarlo marchar.

Expresar un sentimiento como la rabia lo único que hace es acrecentar la resistencia. Si tenemos una discusión acalorada, el demostrar la rabia no la soluciona; el querer ganar tampoco. En lo que hay que enfocarse es en la solución del problema. ¿Cuántas veces te habrás visto envuelto en discusiones en las que la gente se parapeta tanto, se enfocan en el ofender y en el defenderse y se olvida del problema y por ende de la solución del mismo? Ese es el momento de reconocer tu sentimiento y decirte mentalmente, "ahora no quiero sentir esta rabia".

Recordemos que todo el Universo está hecho de energía, todo lo que nos rodea, todo lo que usas, incluso nuestros cuerpos. La energía o se expande o se restringe. Si te dices "me siento solo, siempre estoy solo", es energía restringida, es energía atrapada no utilizable, y mientras más nos aferramos a ella, más solos nos vamos a sentir. Sin embargo, si nos decimos "me siento amado porque yo me amo", esa es energía expansiva la cual se puede usar para crear cualquier cosa que queremos en nuestra vida.

Cuando tengas sentimientos de soledad, una emoción que no da frutos, obsérvala y déjala ir, libérala, imagínate un pájaro que dejas ir. Esto permitirá que el verdadero amor entre en ti, el verdadero tú, y esa energía te atraerá más para ti.

La liberación se practica todo el tiempo. La podemos practicar en cada momento de nuestra vida: en una reunión, en el auto manejando en tráfico, mientras discutimos con alguien, cuando conocemos a alguien, cuando estamos preocupados, cuando no podemos dormir. La practicamos cuando un sentimiento negativo nos embarga, pues eso nos aleja de lo que deseamos en la vida, nos aleja del amor y de la felicidad.

A partir de hoy, deja que todas las experiencias no planeadas, los contratiempos inesperados, todos los pensamientos que nos llevan a la energía restringida y a emociones indeseadas, al dejarlas ir, de nuevo nuestra energía positiva fluya. Desde el día de hoy considera tu vida con una comprensión superior de que todo lo que hay bajo el sol tiene nacimiento, vida y muerte.

La única razón de que nuestro pasado exista en nuestra mente, es que no le hemos permitido morir de muerte natural, liberándolo.

Espero que esto ayude a tu madre a soltar esa muleta y abrazar la felicidad.

Doctora Isabel

Cómo aliviar el estrés sin medicamentos

Hola mi Doctora querida:

Hace muchos años estoy bajo tratamiento de medicamentos leves para aliviar mi ansiedad. Yo quiero un día dejar mi dependencia de estos medicamentos que siento que son químicos, ni naturales ni sanos para mi cuerpo. ¿Cuáles son algunas técnicas alternativas y naturales para aliviar mi estrés?

Hola querida oyente:

Me alegro leer que estás bajo tratamiento con un doctor para tratar tu condición de ansiedad. A veces algunos doctores dependen demasiado de estos tratamientos en vez de sugerir un psicólogo para ver si existen otras razones para esa ansiedad. Si ya has investigado por ese lado y realmente quieres dejar de tomar los medicamentos, sugiero que lo hagas después de conversarlo con el doctor. Es común que haya efectos secundarios muy fuertes cuando dejas de tomar una medicina que has tomado por mucho tiempo.

Para comprender el impacto del estrés en nuestras vidas, tenemos que comprender la función de las glándulas adrenales. Las glándulas adrenales son los principales amortiguadores ("shock absorbers") del cuerpo. Son del tamaño de tu dedo pulgar y están colocadas arriba de tus riñones y están diseñadas para producir hormonas que te permiten responder a las condiciones o exigencias diversas de tu vida y te permiten vivir una vida diaria de una forma saludable y flexible.

Pero si la intensidad y frecuencia del estrés o la ansiedad de tu vida, ya sean internos (tus percepciones) o externos (una operación, tu trabajo), son excesivas y constantes, las glándulas adrenales se agotan.

Entonces tu cuerpo gritará por medio de síntomas para lograr tu atención, para que cambies ciertos aspectos o percepciones en tu vida. Ejemplo: Un caballo cansado, que no le importa cuánto le des con una fusta, para de caminar.

Entre la hormonas clave producidas por las adrenales, están: la adrenalina, la cual alimenta la respuesta del cuerpo de "pelea o huye" ("fight or flight"); el cortisol, el cual está relacionado con la prednisona (un corticosteroide); la cortisona; y la DHEA (una de las hormonas andrógenos responsable de compensar el exceso de cortisol).

El balance entre el cortisol y la DHEA es extremadamente importante para poder crear una vida diaria saludable.

Algunas de las principales causas del estrés emocional son:

- la preocupación
- la ira
- la culpabilidad
- la ansiedad
- el temor
- la depresión
- la irritabilidad
- la sensación de riesgo o problemas inminentes
- la pereza mental
- la sensación de menor valía, de inseguridad
- la sensación de carencia directiva
- la actitud defensiva
- la apatía
- la sensación de impotencia
- la sensación de desesperanza

Algunos de los principales causantes de estrés del medio ambiente y del estrés físico son:

- el ejercicio excesivo
- el contacto con sustancias toxicas
- las alergias crónicas o severas
- el exceso de trabajo (físico o mental)
- las operaciones quirúrgicas
- el poco descanso (muchas horas de trabajo, insuficiencia de sueño, cambio constante de horas de trabajo).
- el trauma físico
- los extremos de temperatura
- las enfermedades crónicas
- el dolor crónico

Comportamientos relacionados con el estrés:

- la sobrealimentación o inapetencia
- la impaciencia
- la tendencia a discutir
- la tendencia a la postergación
- el mayor consumo de alcohol o drogas
- el aumento del tabaquismo
- el retraimiento o aislamiento
- evitar responsabilidades o hacer caso omiso de ellas
- el rendimiento deficiente en el trabajo
- el agotamiento
- la higiene personal deficiente
- los cambios de prácticas religiosas
- los cambios en las relaciones familiares o íntimas

Las siguientes son tres técnicas de relajación para disminuir el estrés y se desarrollan a continuación:

- relajación muscular progresiva
- imaginación visual
- respiración relajada

Relajación muscular progresiva:

Sentarse o acostarse en una posición cómoda y cerrar los ojos. Permitir que la mandíbula descienda y que los parpados se relajen, en vez de cerrarlos con fuerza.

Recorrer mentalmente el propio cuerpo. Se empieza con los dedos de los pies y se procede lentamente hacia la cabeza. Hay que enfocarse por separado en cada parte e imaginar que la tensión se desvanece.

Contraer los músculos de una determinada zona y mantenerlos así hasta la cuenta de cinco; relajarse y pasar a otra zona.

Imaginación visual:

Permitir que los pensamientos fluyan por la mente sin detenerse en ellos. Sugerirse a sí mismo la relajación y tranquilidad e imaginar que las manos están calientes (o frías si se tiene calor) y pesadas y que el corazón late tranquilamente.

Respirar con lentitud, regularidad y profundidad.

Una vez lograda la relajación, imaginar que se está en un sitio que produzca placer o uno que posea gran belleza.

Después de cinco o diez minutos, salir paulatinamente de ese estado.

Respiración relajada:

Con la práctica, se podrá respirar de manera profunda y relajada. Al principio, se sugiere practicar acostado boca arriba con ropa laxa en la cintura y abdomen. Una vez aprendida esta posición, practicarla sentado y finalmente de pie:

- Acostarse boca arriba sobre la cama.
- Separar un poco los pies.

- Apoyar una mano cómodamente sobre el abdomen, cerca del ombligo, y colocar la otra mano sobre el pecho.
- Inhalar a través de la nariz y exhalar por la boca.
- Concentrarse en la respiración durante unos cuantos minutos y advertir cuál mano asciende y desciende con cada respiración.
- Exhalar y tratar de retirar la mayor parte del aire de sus pulmones.
- Inhalar mientras se cuenta con lentitud hasta cuatro, durante unos cuatro segundos. A medida que se inhala con suavidad, expandir levemente el abdomen, lo cual debe hacer que ascienda casi una pulgada. Es necesario que este movimiento se pueda sentir con la mano. Procurar no elevar los hombros ni mover el tórax.
- Conforme se inhala, imaginar el aire caliente que fluye a todas las partes del organismo.
- Hacer una pausa de un segundo después de inhalar.
- Exhalar con lentitud y contar hasta cuatro. Mientras se exhala, el abdomen descenderá lentamente. A medida que el aire sale, imaginar que la tensión también fluye hacia afuera.
- Hacer una pausa de un segundo después de exhalar.
- Si es difícil inhalar y exhalar hasta la cuenta de cuatro, abreviar un poco la cuenta y luego aumentarla después a cuatro. Si se siente mareo, desacelerar la respiración o emprenderla con menor profundidad.
- Repetir de cinco a diez veces la secuencia de inhalación lenta, pausa, exhalación lenta y pausa:

    - Exhalar, inhalar lentamente: uno, dos, tres, cuatro. Pausa.
    - Exhalar, inhalar lentamente: uno, dos, tres, cuatro. Pausa.

- Repetir la secuencia.

Si resulta difícil que las respiraciones sean regulares, se debe respirar con un poco más de profundidad, contener el aliento durante uno o dos segundos y luego dejar salir con lentitud y cierta presión el aire a través de los labios cerrados, durante casi diez segundos.

Se repite este paso entre una y dos veces y luego se vuelve al otro procedimiento.

Doctora Isabel

El estrés en las finanzas

~

Hola doctora Isabel:

Después de la recesión económica me bajaron las horas y mi sueldo ha disminuido bastante. Desde ese tiempo me he acostumbrado a comprar cositas no necesarias para aliviar mi depresión con mi impotencia de mejorar mi situación. Mi esposo es ilegal y trabaja como obrero en construcción. Hasta que podamos buscar manera de legalizarnos, no puedo buscar más trabajo y él no puede buscar un trabajo mejor. ¿Qué me recomienda para manejar mejor este estrés de nunca estar bien económicamente?

Gracias por todo lo que hace en apoyar a nuestro pueblo y por tener tanta compasión.

Hola amiga:

Uno de los factores que más nos puede causar estrés es el hecho de que no tenemos para terminar el mes, o suficiente dinero para mandar a un hijo a estudiar, o lo necesario cuando se nos presenta un imprevisto, o nos quedamos sin trabajo y no sabemos cómo vamos a pagar la casa. Eso se puede arreglar con la organización de nuestro presupuesto. No podemos seguir viviendo al día. Se dice que en los Estados Unidos la mayoría de sus ciudadanos están a un sueldo de quedarse en la calle.

Una excelente manera de corregir estas situaciones que nos producen estrés, ansiedad y, ¡cómo no!, ataques de pánico, es tomando el control de nuestras finanzas personales. No podemos tomar el control de las de nadie más, ni de las de tu jefe, ni las de las escuelas, ni de los comercios que visitamos, pero sí las nuestras. Eso lo logramos con control y administración del presupuesto familiar. En mi libro *Los 7 pasos para el éxito en la vida*, uno de los capítulos trata detalladamente sobre esto.

A grandes rasgos, debes tener una lista de tus gastos generales los cuales no puedes cambiar inmediatamente, como la renta o hipoteca (si es hipoteca, recuerda que al final del año tienes que pagar impuestos y seguro de la propiedad), la mensualidad del carro, la electricidad y, por supuesto, algún pago de tus tarjetas de crédito. Recuerda que si solo pagas el mínimo, nunca terminarás de pagarlas. No hagas un cálculo en tu mente; escríbelo.

Al comenzar, primero haz un recuento de los gastos del mes pasado o, si puedes, mira los recibos de renta, electricidad, etc. para que te vayas dando cuenta del promedio. Escríbelo. También haz memoria de los gastos pequeños, como por ejemplo el café que te costó $4 esta mañana y la merienda que te costó $2,50. Lo miramos como algo insignificante, pero multiplica eso por los días que haces esos gastos y veras en cuánto te sale. ¡No es que nos volvamos tacaños! Pero sí conscientes de cuánto gastas en boberías. De esta manera puedes tener una idea antes de comenzar ese presupuesto de tus ingresos y egresos.

Muchas celebridades cuando estaban en la gloria no pensaban en la importancia de esto. Gastaban a manos llenas y cuando perdieron la gloria se vieron en la miseria. No pensaron en guardar, precisamente lo que nos puede dar un poco de paz para el futuro.

Haz tu presupuesto y una lista de tus prioridades. Estos gastos deben ser para algo de beneficio tuyo y de la familia. Debes ajustarte a tu poder adquisitivo, no a lo que quieres aparentar. Debe haber un porcentaje que vaya para ahorros para ese día que puedas tener un problema económico. Cuando tengas guardado por lo menos lo equivalente a cuatro meses de supervivencia (renta, electricidad, comida básica) entonces comienza a ponerlo en una cuenta que te gane más interés (certificados de depósito y otros en inversiones como los fondos mutuos).

Además, debe haber un fondo para divertirse con la familia mensualmente. No tiene que ser extravagante; que se ajuste a tus finanzas. Ah, no nos debemos olvidar de tener un fondo para regalos de fechas especiales y aprovecharse de las ventas especiales antes de las fechas especiales. Guarda cupones y úsalos.

Archiva todos los recibos de pagos e impuestos. Recuerda que algunos pueden ser utilizados, reclamados como deducciones en el momento de declarar tus impuestos. Y si no tienes que reportar por razones "x", es una forma de darte cuenta de lo que gastas. Esto te da un poder propio.

Al analizar tus gastos, esto te dará idea de lo que de verdad quieres eliminar como gasto superfluo, y tomar una meta para comprar una casa, guardar para tu retiro, irte de vacaciones, o lo que sea. Te darás cuenta de que la situación no es tan desesperada como la ves. Al retomar el control de las finanzas y ser consciente de ellas, la ansiedad estará más bajo control. Te fijarás más cuando vayas de compras al supermercado y mires en más detalle lo que compras, al igual que cuando vayas a las tiendas y pienses, "¿esto lo necesito?".

Yo practico a veces algo que me da resultado, y es no ir a las tiendas si no necesito ir. Si voy, es para ver las ventas y comprar para los regalos del año. En tiempo de necesidad no voy, pues siempre se te puede pegar algo y nos metemos en problemas.

Puedes también usar una tarjeta que tendrás que pagar al final del mes. Y como ya tú sabes y conoces tu presupuesto, no te puedes exceder de esa cantidad personal que sirve como tu incentivo. Si no tienes tarjeta, ve con el efectivo que has reunido para ese placer solamente y así te evitas tentaciones.

Doctora Isabel

Amiga con una hija esquizofrénica

_～_

Hola Isabel:

Saludos para usted con muchísimo cariño. Mi nombre es Violeta y tengo treinta y tres años. Querida Doctora, tengo una compañera de mi trabajo que tiene una hija que sufre desde niña esquizofrenia. Ahora ella tiene treinta y dos años, pero yo estoy preocupada, pues ella no lleva ningún tratamiento. Cuando tiene fuertes crisis se pierde y anda vagando. Ella es indocumentada. Su familia tienen miedo de llevarla a una clínica o a un doctor. Yo quiero hacer algo por ella. Para mí es muy triste que nadie se preocupe por ella. Sé que ella tiene que usar medicina.

Por favor doctora, oriénteme, qué puedo hacer. Muchas gracias.

Estimada amiga:

Gracias por preocuparte por tu amiga. La esquizofrenia es una de las más tristes de las enfermedades mentales. Definitivamente, su hija necesita estar recibiendo tratamiento con fármacos y terapia. El problema principal es que muchas veces, dada la naturaleza de la enfermedad, piensan que la están tratando de envenenar, y en esos periodos se pierden, como escondiéndose de sus "enemigos".

La mejor recomendación que te puedo dar para empezar este proceso es que llame a la National Alliance on Mental Illness al número 1-800-950-NAMI o que visite la página www.nami.org. Un gran número de desamparados que vemos en las calles son personas que sufren de esta enfermedad.

Sé tú el escritor del libreto de tu vida.

Doctora Isabel

Amiga que sufre de ataques de pánico

～ o ～

> **¡Ay doctora!**
>
> ¡Gracias por todo su apoyo y calor humano que nos ofrece! Tengo una amiga en el trabajo que es flaca, saludable y nada más tiene treinta y dos años de vida. Ella sufre de ataques de pánico de vez en cuando y no sabe mucho cómo manejar computadoras. Ella me pidió escribirte para ver si la puedes ayudar. Ella quiere saber cómo prevenir estos ataques, ya que en nuestro trabajo no nos ofrecen ayuda médica y no ganamos suficiente para pagar un doctor.

Hola amiga:

Me da mucha lástima escuchar de tu amiga. No te preocupes; sí hay maneras de aliviar y prevenir los trastornos de pánico. Los pasos para poder controlar los ataques de pánico son:

1. Comprender qué son los ataques de pánico, cómo ocurren y por qué.
2. Aceptar que nuestros ataques de pánico y la depresión que los sigue son creados mayormente por nuestros pensamientos, y por los sentimientos creados por esos pensamientos.

3. Aprender los pasos para poderlos controlar.

4. Cuando ocurren, darte permiso de sentir cierta ansiedad y decir el por qué te sientes así. Ejemplo: "Me siento ansioso porque estoy cansado y estoy manejando en tráfico. Es normal que me sienta un poco ansioso".

5. Hacer ejercicios de respiración. Ejemplo: Inhalar cuatro veces y exhalar ocho veces.

6. Mantener un diálogo positivo: "Yo puedo contener la ansiedad, eso es pasajero, siempre pasa y nada me va a pasar".

7. ¡Ponerse en acción! Puedes aparcar tu auto y caminar la cuadra. O entrar a un centro comercial y caminar hasta que pase el tráfico. Y piensa mientras haces esto, preguntándote qué es realmente lo que te está molestando. ¿Quizás es que vas a llegar tarde y no te gusta llegar tarde? ¿O que estás disgustado porque saliste tarde y por te encontraste con tráfico? Analízalo y sigue caminando y verás que se te pasará.

Esto toma tiempo y mucha práctica, pero la única forma de poder controlar los estados de pánico es experimentándolos y conquistándolos.

Los ejercicios de respiración se deben practicar con frecuencia, todos los días, hasta que se conviertan en un ejercicio automático. Practícalos en la casa, en el trabajo, meditando, y verás que te sentirás mejor.

Parte del control de los ataques de ansiedad y de pánico se alcanza comprendiendo qué son y por qué ocurren. Las siguientes preguntas te dan ese conocimiento:

1. ¿Cuáles son los síntomas que sientes antes de tener ese estado de ansiedad y pánico? Algunas opciones pueden ser:

- dolor en el pecho
- sudoración
- reacción física
- palpitaciones
- te sientes desorientado

2. ¿A qué le temes si te da un ataque? Algunas opciones pueden ser:

- a los sentimientos de vergüenza
- a que te vas a volver loco
- a morirte
- a que las piernas te fallen

3. ¿Cómo responde tu cuerpo cuando tienes el ataque? Algunas opciones pueden ser:

- con sudoración
- con tensión muscular
- con dificultad en respirar
- con palpitaciones

4. ¿Cuáles pensamientos te llegan a la mente cuando ocurre? Algunas opciones pueden ser:

- "Me voy a morir".
- "Me voy a desmayar".
- "Se van a reír de mí".
- "Pensarán que estoy loco".
- "Quiero correr e irme de aquí".

5. ¿En el pasado, qué has hecho cuando sientes que viene un ataque? El ejercicio de la respiración es uno de los ejercicios más importantes:

- Primero inhala por la nariz despacio de dos a cuatro segundos, mentalmente contando un millón, dos millones, tres millones, cuatro millones.
- Después, exhala por la boca y cuenta mentalmente otra vez: un millón, dos millones, tres millones, cuatro mi-

llones, cinco millones, seis millones. Haz esto por sesenta segundos.

- Luego empieza a pensar todos los pensamientos positivos que has desarrollado y escrito. Esta actividad de
respirar le avisa al cerebro que todo está bien, que la
crisis pasó.

Las causas:

Muchas investigaciones en el pasado reflejan que cuando se experimentan
recurrentes estados de ansiedad o de pánico, las personas que lo sufren
tienen una predisposición genética. Otras investigaciones atestiguan que
es un comportamiento aprendido. Para muchos, el creer que es una predisposición genética puede ser una sentencia y una trampa de donde no pueden salir. Para otros, puede significar que sienten un alivio, pues al pensar
que es genético se liberan de la vergüenza que sienten.

La realidad es que, si es genético o es la combinación de ambos, hay
formas de controlar estos estados de ansiedad y de pánico hasta que se
puedan sentir seguros de manejarlos.

Veamos la influencia que puede tener el medio ambiente o entorno. Un
niño que siente que todo lo que hace está mal hecho, que tiene un padre o
madre con expectativas imposibles, o un niño que tiene una figura de autoridad que es sobreprotectora, la cual le hace sentir que vive en un mundo donde
el peligro lo está acechando en cada esquina, puede causar estados de ansiedad recurrentes. El sentirse abandonados o rechazados de niños, también
puede hacer sentir el temor constante de ser abandonados y no aceptados.

Los hogares donde predominan la violencia y el alcoholismo también
hacen sentir a los miembros pequeños de esa familia el constante temor de
que alguien descubra la verdad dolorosa de esa familia. Por eso, un alto
porcentaje de los alcohólicos padecen de estados de ansiedad y pánico con
frecuencia.

Muchas de estas situaciones hacen que las personas estén siempre en
alerta al peligro con el resultado de temer a todo.

El rol del estrés:

Todos en este mundo sentimos el estrés. Pero cuando se convierte en algo que no podemos controlar, es realmente el preámbulo a los estados extremos de ansiedad y por supuesto de pánico. Si las estrategias que utilizamos para subsanar el estrés son inapropiadas, como el aislarnos, o abandonar un trabajo, etc., empeoramos pues nos sentimos cada vez más desesperados y tristes con nuestra ineptitud.

Las situaciones de abandono en la niñez, la muerte en la familia, la pérdida de amigos, el divorcio, provocan estados de estrés que después, si no se procesan correctamente, se convierten en el temor a la pérdida de algo o alguien. Es bastante común encontrar un historial de ansiedad de separación, y de extrema dependencia en otras personas.

El rol de nuestras emociones:

El dialogo negativo es uno de los factores más importantes en los estados de ansiedad, de pánico y de depresión. Si te mantienes en estos estados, con frecuencia eso significa que tu autodialogo es negativo. Por eso es importante que:

- te tengas compasión
- te hables y te digas "no temas"
- te alabes cuando hayas hecho algo importante
- utilices el diálogo positivo en vez del negativo con frecuencia
- te hables con un tono de voz despacio y bajito de forma que tú mismo te des calma.

El rol del perfeccionismo:

El perfeccionismo juega un papel importante en preparar el terreno para los estados de ansiedad y pánico:

1. El continuo elevar nuestras expectativas de modo que nunca nos sentimos en paz.
2. El no darnos alternativas para algo que tenemos que hacer: "si no lo puedo hacer de esta manera, no lo hago".
3. El tener todo bajo control y pensar que si no es así, una tragedia puede ocurrir.
4. El querer hacer todo rápido.
5. El sentirse que somos inútiles, que tenemos que complacer en extremo a nuestra pareja o familiares, pues nuestra autoestima está basada en lo que los demás puedan pensar.

El temor al fracaso:

Realmente este temor es el temor al desprecio y rechazo. Es el querer siempre ser aceptados.

Y ahí tienes muchas maneras muy prácticas y gratis para que tú amiga o tú misma puedan controlar los trastornos de ansiedad. También puedes mostrarle esta organización a través de Internet para obtener más ayuda: asociacionayuda.org.

¡Muchas suerte a las dos!

Doctora Isabel

Quiero saber si sufro de codependencia

~~

Hola Doctora:

Escucho mucho en tu programa mencionar el problema de la codependencia. Me he dado cuenta de que es un problema que muchas personas tienen que trabajar. Yo quiero saber si yo también sufro de esto.

¿Cuáles son los síntomas o características de esta condición?

Hola:

A continuación te doy una lista de las características de la codependencia. ¿Te reconoces en alguna de ellas? ¿En cuantas de la lista?

1. Lo que pienso positivo sobre quien soy proviene del hecho de que yo le gusto a alguien.
2. Lo que pienso positivo sobre quien soy está basado en el ser aceptado(a) por ti.
3. Tus problemas afectan mi paz, mi serenidad. Mi atención mental se enfoca en resolver tus problemas para solventar tu dolor.
4. Mi atención mental está enfocada en una persona, en esa persona que es el centro de mi vida.

5. Mi atención mental está enfocada en proteger a esa persona.

6. Mi atención mental está enfocada en poderte manipular para que hagas lo que yo quiero que hagas.

7. Mi autoestima aumenta en el momento que resuelvo tus problemas (los de esa persona importante para ti).

8. Mi autoestima también aumenta cuando puedo quitarle a esa persona cualquier pesar.

9. Mis propios hobbies, intereses y gustos son puestos a un lado para entonces interesarme solo en los gustos de esa persona importante de mi vida.

10. La forma que esa persona se viste y se presenta en la sociedad son el reflejo de quien yo soy.

11. Yo no estoy consciente de lo que siento sino solo lo que la otra persona siente.

12. Yo no estoy consciente de lo que yo quiero, yo solo quiero saber lo que esa persona quiere. Te pregunto lo que quieres.

13. Los sueños que tengo para el futuro solo están ligados a esa persona.

14. El temor que siento a ser rechazado, es el que determina lo que digo y hago.

15. El temor a tu ira, determina lo que digo o hago.

16. Utilizo el estar dando siempre, como modo de conservar mi relación con la otra persona.

17. Mi círculo social anterior se achica al enfocarme en la relación con esa persona.

18. Pongo mis valores a un lado, de modo de conectar con esa persona.

19. Valorizo la opinión de esa persona y su forma de actuar mucho más que mi opinión y mi forma de actuar.

20. La calidad de mi vida está ligada a la calidad de la tuya.

Doctora Isabel

El vitíligo de mi hijo le está afectando sicológicamente

~o~

¡Buen día!

Mi nombre es María Elena Castro y mi hijo de dieciséis años tiene vitíligo diagnosticado desde 2004. Me dirijo a usted pues me gustaría que las personas le dieran la importancia a esta condición como a cualquier otra, ya que ni se habla y ni siquiera un doctor puede dar una esperanza. Y yo como madre no me puedo quedar sentada a ver cómo mi hijo sigue teniendo estos cambios que en realidad afectan sicológicamente más que nada.

Me gustaría que hubiera más ayuda para que, como nosotros, los padres no nos quedemos con las manos cruzadas. Me gustaría hacer un grupo de apoyo para él o para padres como yo, pues no me puedo quedar diciendo que no hay cura. Algo se tiene que hacer. Por favor pongo mi fe en usted aunque sea que me conteste.

¡Gracias adelantadas y bendiciones!

María Elena

Estimada María Elena:

Hablas del vitíligo, que como sabrás es una enfermedad crónica de despigmentación de la piel, de carácter progresivo y a la que aún no se le conoce su raíz.

Sé lo impactante que es para tu hijo el tener esta condición, pues es una condición visible. Lo bueno es que no provoca daños al organismo, pero tiene una importancia grande en las relaciones interpersonales y en el impacto emocional en quien lo sufre.

Me gustaría invitarte al programa mío en Univisión América, para poder hablar de la condición pues creo que sería no solo educativo desde el punto de vista médico sino, más que nada, emocional. También sería útil para que la gente tome conciencia de que la persona que lo sufre debe ser respetada y amada como todos los demás.

Sí, hay grupos de apoyo, y yo te insto a que vayas a la National Vitiligo Foundation y a vitiligo.com, al igual que al American Vitiligo Research Foundation para que no solo averigües de grupos en tu área, sino para informarte acerca de los últimos estudios.

Creo que el haberme escrito ayudará también a la concientización de nuestros lectores. Dile a tu hijo que evite el estrés, puesto que eso empeora su situación, y que en el hogar haya paz.

Hoy es tu día. ¡Cambia!

Doctora Isabel

Cómo cerrar las heridas emocionales

Hola Doctora:

Hace muchos años que la escucho, y me maravillo de cómo usted puede contestar preguntas tan difíciles y la mayoría de las veces en pocos minutos. Pero también sé que cuando le dice a alguien que tiene que olvidar esa herida, no puede pensar que lo podrá hacer rápidamente, ¿verdad?

¿Cuáles serían los pasos a seguir para aliviar este trastorno, Doctora?

Muy agradecida,

Mayte

Hola Mayte:

¿Cómo podemos cerrar heridas emocionales?

1. Abandonando las excusas que nos damos para no olvidar.
2. Abandonando los resentimientos.
3. Abandonando los pensamientos de autolástima (cambia el canal). Muchas veces continuamos reviviendo recuerdos tristes del pasado y de esa forma no permites que entre la sanación. Pregúntate: ¿qué estás logrando con esto?

¿Cuál es el beneficio que te da esto? Rehúsa el revolver los recuerdos emocionales negativos.

4. ¿Realmente quieres sentirte bien, quieres estar bien? Piensa en cosas positivas, cosas que te hacen sentir bien. Pensamientos que te hacen tomar la decisión de ser feliz, que te llenan de felicidad y esperanza tu espíritu.

5. No analices demasiado el porqué; solo analiza lo suficiente para aprender tu lección y no volver a tropezar con la misma piedra.

Recuerda que para cerrar las heridas, hay que querer cerrarlas.

Doctora Isabel

Hijo que vino de otro país con problema de cleptomanía

—◦—

Buenas Doctora:

Mi hijo vino de Cuba hace tres meses y me he dado cuenta de que tiene la manía de coger dinero que es ajeno. Él tiene diecinueve años y no sé cómo tratar el tema con él. Sé que necesita ayuda y no sé dónde llevarlo. No es la primera vez que toma cosas que no son de él. Hasta una vez lo hizo en casa de unos amigos.

¿Qué hago con esta situación?

Papá preocupado

Estimado amigo:

Sé lo preocupado que estás por tu hijo, y realmente es preocupante. Tienes temor de hablarle, eso es un hecho. Me imagino que tu temor a herirlo es lo que está actuando como una barrera. Hay veces que también hay sentimientos de culpabilidad que se interponen en el diálogo que tienes que tener con él.

No le tengas miedo a hablar con él. Tienes que enfrentarte con él para investigar por qué él hace esto. Lo hace porque ya sé le ha convertido en una costumbre, nacida en una forma enfermiza de creer que así tiene control de su entorno. Además de robar, ¿presenta otros comportamientos delictivos? Si además de robarle a la familia, has observado que se lleva objetos de las tiendas sin pagar, esto lo puede llevar enfrente de un juez, y hasta podrían deportarlo. Lleva muy poco tiempo aquí, así que esto es un factor que tanto tú como él tienen que considerar.

A la edad de diecinueve años, ya se la considera una conducta criminal, y es castigado por ley.

Tengan una conversación abierta, pero al mismo tiempo dile que no le vas a tolerar ese comportamiento. No ignores esta situación.

Doctora Isabel

Mujer sufriendo de rabia

Hola Dra. Isabel:

Me llamo Melania. Yo la escucho todos los días por la 1020AM de Los Ángeles. Siempre he querido llamarla para pedir un consejo. Hay algo que me pasa con mi hija de cuatro años.

Adoro a mi hija, es mi vida y me completa, pero algunas veces siento mucho coraje con ella y ni siquiera sé por qué es mi coraje hacia ella. Algunas veces he llegado a sacudirla y darle algunas nalgadas y después que le pego quisiera golpearme a mí misma. Es una rabia conmigo y coraje que quisiera morirme porque no entiendo si yo quiero a mi hija. No sé por qué la maltrato y le grito. También tengo un hijo de un año y medio. Son pocas las ocasiones que él me da coraje con él. Casi siempre es con la niña y con mi esposo. Doctora, espero pronto me pueda contestar. Que Dios la bendiga por sus consejos. He aprendido mucho pero todavía no comprendo por qué reacciono así con mi hija.

Ayúdame.

Querida Melania:

Ayúdame a analizar tu situación. Primero, ya te has dado cuenta de que tienes esta falta de control o exceso de ira con tu hija. Tu hija puede ser un reflejo de ti, una ira intensa que sientes por ti misma. Puede ser por debilidades que tienes, y que han causado el estar en determinadas situaciones las cuales te mantienen atada y anclada hoy en día.

¿Esta niña fue la razón por la cual estás con tu esposo? Es decir, ¿al caer embarazada te fuiste con él? Esa es muchas veces razón para sentir rabia contra ella y en contra de ti misma. Tú comprendes que ella no tiene la culpa, sin embargo le proyectas a ella tu frustración e inclusive tu temor a que ella, como mujer, tenga que pasar por situaciones como las que tú has pasado.

¿Cuando eras pequeña, tenías hermanos? ¿A ellos los trataban con preferencia? ¿El mensaje que tú misma te decías, es mejor ser varón que hembra? ¿Era tu madre, violenta contigo? Muchas veces los comportamientos de los padres que más aborrecemos, se convierten en comportamientos propios al convertirnos en padres.

No puedo decirte cuál de estas posibilidades te pueden llevar a estos estados de violencia, los cuales son peligrosos y dañinos sicológicamente hablando para tu hija y para ti. Y son dañinos pues ya te sientes mal contigo misma, y eso empeora la situación con la niña, tu esposo y tú. Analiza también el porqué de tus sentimientos negativos con tu esposo. ¿Él es merecedor de los sentimientos negativos que tienes con él? Si contestas "no" a esta pregunta, es señal de que estás huyendo de reconocer tu responsabilidad en estos sentimientos. Quizás te casaste sin amarlo, tomaste decisiones rápidas en algo que tendrás que responsabilizarte y aceptar como un compromiso en tu vida.

Empieza a observar las cosas positivas en tu vida, día a día. Enfócate en las bendiciones que el día a día te trae. Deja el pasado y los pensamientos negativos atrás. El asistir a unas citas con un terapeuta te ayudaría a procesarlo. Puedes también leer el libro mío *Los 7 pasos para ser más feliz*, a la venta en Amazon.com.

También lee libros como los de Louise Hay y Melodie Beattie, que se enfocan en el poder maravilloso que tienes dentro de ti, y más que nada en tu presente.

Doctora Isabel

La mente positiva frena las enfermedades

~~o~~

Dr. Isabel:

Le escribí sobre mi hermano Renán que le han detectado cáncer en el páncreas, y se le ha regado al hígado y los pulmones. Los doctores no dan mucha esperanza, solo Dios tiene el poder de sanarlo.

Yo, en mi caso, me sentí una bolita al lado izquierdo de mi busto y fui a la ginecóloga y me dijo que necesitaba urgente un ultrasonido. En mi familia no hay cáncer de seno. Quisiera que me dijera qué debo hacer para no sentirme tan deprimida por la noticia. Cuando tenga los resultados le volveré a escribir. Tengo cuarenta y siete años y no sé cómo tomar todo esto.

Espero su consejo. Que Dios la bendiga.

Hola:

Primeramente, es natural que sientas depresión, temor y estrés, pues hay una realidad en tu vida. Tu hermano tiene cáncer, y eso produce un sinfín de emociones. Ahora te detectan una bolita en tu busto, es natural que sientas temor por ti. ¿Cómo tomarlo? Con valor, y mente positiva.

Tienes que enfrentar tu temor y hacerte la prueba que te pidieron lo antes posible. El informarte sobre el cáncer te da cierto control. El cáncer es una célula que se multiplica en forma irracional y que no tiene inhibición de contacto, es decir, nada parece pararla. Pero las defensas de nuestro cuerpo, del sistema inmunológico, destruyen estas células locas en el individuo sano. En nosotros hay evidentemente fuerzas que pueden frenar esta enfermedad. Una la acabo de mencionar, la otra son los estados emocionales.

Se han establecido pruebas de la influencia de los estados emocionales en la condición física y la enfermedad. En un estudio se pusieron juntas dos ratas con leucemia, y al pelearse por supremacía, se enfocaron en eso y desapareció la leucemia. Esto no quiere decir que te empieces a pelear con todo el mundo. El poder de las emociones y la determinación en cualquier enfermedad, logran vencerla.

Muchas veces la influencia del medio ambiente, en este caso tu hermano, te da un mensaje negativo, que es lógico que tengas esa enfermedad; y muchas veces, puede ser utilizado en algunas personas como un autocastigo. De ahí, el pensar que el tratamiento debe ser doloroso, peligroso y establece un sentir de víctima. Estos pensamientos tenemos que abandonarlos. Con una forma de pensar positiva no solo puedes evadir la existencia del cáncer en tu cuerpo, sino que también puedes llegar a fortalecer tus células para vencer a las débiles.

Te animo a que primero salgas de la duda, analiza por qué piensas que tienes esa enfermedad. Visualízate como un ser fuerte y sano. Aliméntate correctamente.

Muchas veces no vemos el papel tan importante que tiene la alimentación en nuestra mente y nuestra salud. Hay que comer vegetales tres veces al día, jugos de frutas que hagas en casa, evitar el azúcar procesada, pues el cáncer se alimenta de la misma, no utilizar la sal blanca, sino la sal de mar, cambiar la leche de vaca por la de soya, evitar la carne roja, comer más pescado de aguas frías y algo de pollo. En otras palabras, quizás esto de la bolita es un aviso para que cambies tu forma de vivir y de pensar.

¡Vence tus temores!

Doctora Isabel

Hermana preocupada por salud mental

Dra. Isabel:

Mi hermana menor fue diagnosticada con bipolaridad y trastorno esquizoafectivo. Fue internada contra su voluntad. Salió hace una semana y debía estar tomando medicina, pero notamos que nos engaña; a veces parece dopada y otras no. Ella es muy estudiada y exigente con ella misma. Entraba en depresión y hablaba de que quería matarse, pero nunca lo intentó, hasta el día que tocó internarla y sacarla de casa a la fuerza. Creemos que está mejor con medicina pero si la toma no se concentra, ni le pone interés a nada.

Ha demostrado comportamientos sexuales que no sabemos cómo manejar. Dice que se reprime mucho emocionalmente y escribe diarios. Tiene una siquiatra que solo la ve una vez a la semana pero no nos quiere decir nada sin su consentimiento.

Estamos desesperados. No queremos que vuelva a caer en ese centro psiquiátrico porque fue muy difícil que la dejaran salir. Por favor, ayúdenos. Creo que ella se beneficiaría de hablar con un psicólogo para que la ayude a salir del dolor que tiene adentro. Sufre de obesidad y se operó hace un año cuando subió a 220 libras. Creo que muchos de sus problemas han sido por la obesidad que tiene desde los dieciséis años cuando dejó la escuela. Desde ahí cambió completamente. La siquiatra solo la ve poco tiempo y habla sobre la medicina que ella toma pero no sabemos nada más. Esto es bastante desconcertante para mi familia, no sabemos qué hacer.

Esperamos que nos conteste lo más pronto posible. ¡Mil Gracias!

Lorena

Querida amiga:

A veces la realidad es difícil de aceptar. Tu hermana tiene una condición y diagnóstico severos. Comprendiendo lo duro que es para ella y los familiares que esté en un hospital psiquiátrico, muchas veces es absolutamente necesario para poder estabilizarla. Además tiene obesidad, por lo cual la operaron, lo cual es traumático también. Si ella no toma los medicamentos, con el tipo de diagnóstico que tiene no podemos esperar que su comportamiento sea normal.

Parte de su bipolaridad está representada en su actividad sexual errática. Esto significa que ella está en peligro de adquirir enfermedades peligrosas. Su diagnóstico no es curable, pero sí es manejable siempre que tome medicinas y el psiquiatra trabaje con ella.

Sería importante que lleguen a un acuerdo con tu hermana para que hables con el psiquiatra en su presencia y no le despiertes desconfianza, pues ella tiene episodios de paranoia. Exploren la posibilidad de colocarla en grupos de ayuda de personas con diagnósticos similares.

Tu pregunta acerca de si un psicólogo debe verla la debe contestar el psiquiatra; la mayoría de ellos trabaja con psicólogos para coordinar esfuerzos. Ustedes deben buscar ayuda para comprender la enfermedad. El vivir en constante temor de que ella pueda hacerse daño pone estrés en la familia y al mismo tiempo nos hace ver como normal algo que no lo es. En uno de sus momentos de lucidez debes convencerla de ir al psiquiatra contigo. Por lo general, ese tipo de persona tiende a ser muy inteligente, el estado emocional no tiene que ver con la inteligencia.

Si consideran que ella constituye un peligro, se la puede declarar incompetente por una sentencia legal y hacerla entrar obligada al hospital. Por eso es importante determinar si necesita un guardián o no. Tienen que decirle al psiquiatra que creen que la vida de tu hermana está en peligro.

Tengan paciencia.

Doctora Isabel

Mujer al borde de la locura

~

Hola doctora Isabel:

¿Cómo puedo lograr el balance del que habla en su programa? Me siento atormentada y frustrada con mi vida, inclusive estoy más desordenada que nunca, y mi familia ya está protestando. ¡Ayúdeme por favor!

Querida amiga:

Primero, respira profundo y exhala despacio. Estás muy cerca de un ataque de pánico, si no lo has tenido ya. Hay veces en que la vida se nos complica tanto, que no sabemos por dónde empezar. Pero hay que hacerlo por algún lado, y esto que sientes tiene una voz que tienes que escuchar. Para poder arreglar tu vida externa tenemos que también organizar tu vida interna.

Es bueno para comenzar escuchar discos de temas espirituales. Inclusive, si no quieres con voz, pueden ser con música. Uno que me ha ayudado muchísimo es el de "tibetan bowls" (lo puedes buscar gratis en YouTube) y es el sonido especial que se produce cuando se frotan unos recipientes de metal que los budistas utilizan para la meditación, o para quitar el estrés. Inclusive yo los he utilizada para dormirme. Solo te estoy recomendando lo que me ha funcionada a mí y a otros en el pasado.

Hay preguntas que tienes que hacerte y poco a poco en el silencio de la mañana (sí, antes de que todos se levanten).

¿Qué es lo que más necesito en mi vida ahora? Silencio, energía, salud, aire fresco, dinero, tiempo conmigo misma, tiempo con los niños. Estas son algunas de las respuestas, pero tú tienes que escuchar tu propia voz. Al principio no la escucharás fácilmente, ya que tienes demasiado tiempo de no haberte escuchado a ti misma (quizás nunca lo hayas hecho).

Quizás estés escuchando mensajes negativos, como "come esta barra de chocolate, que te sentirás mejor", o también, "hoy cuando los niños se vayan, me voy a sentar en frente del televisor". Si en el silencio los escuchas, contéstate, por favor: "necesito ayuda"; en ese momento di: "voy a escoger mi salud". Poco a poco irás desarrollando un diálogo contigo misma.

Otra pregunta es. ¿Cuál sería el primer paso a dar, para mejorar mi vida? A lo mejor es el caminar todos los días treinta minutos para sentirte mejor.

También podrías preguntarte ¿qué es lo que menos necesito en mi vida? Escoge de esta lista que te doy: miedo, preocupación, trabajo, ira, ruido, hacer demasiado por los demás, comida, ansiedad, desorden, televisión, actividades voluntarias, correos electrónicos, mensajes de texto o _____ (llena el espacio).

¿Cuál sería el primer paso que tomarías para disminuir uno de los identificados? Lleva un diario con estas preguntas, y las respuestas. Recuerda de trabajar uno a la vez, y por supuesto, no tienes que hacerlo todo en un solo día. Poco a poco, verás que así te vas organizando y a la vez, escucha tu voz.

Si tu esposo es una persona razonable, dile que vas a hacer esto. Espero que te respalde. ¡Comienza ya!

Respira profundo,

Doctora Isabel

Mujer con amiga demasiado negativa

Hola doctora Isabel:

No sé qué puedo hacer pues tengo una amiga que está muy negativa, que piensa primero en los peligros que nos asechan, y deja de tener paz en su alma. Lo peor es que no comprende por qué yo no soy así, por qué no veo las cosas igual que ella. Ella argumenta que nos criamos con los mismos principios, pero no comprende por qué yo tomo decisiones tan diferentes a ella.

En estas elecciones votamos diferente, y ella piensa que le he dado la espalda a nuestros principios y que estamos al punto de caer en el abismo. Ella quiere que le explique por qué y ya se lo he explicado anteriormente. Pero la posición que toma es bastante negativa hacia mi persona, y otras que hemos votado diferente a ella.

¿Qué hacer?

Hola amiga:

Estos sentimientos que describes, y esta situación con tu amiga, prevalece en muchos círculos sociales y familiares. Trataré de explicarte un poco el por qué.

Las emociones negativas han sido definidas como señales de defensa.

El miedo es el motor que mueve esas emociones. El miedo es una señal de defensa ante un peligro; la tristeza es una respuesta de adaptación ante una pérdida; y el enojo surge cuando alguien nos ataca, invade, o simplemente cuando la percepción de haber sido atacados sale a flote.

Los seres humanos percibimos el mundo en términos de emociones positivas, negativas o neutras. Y tanto las emociones agradables como las desagradables están profundamente arraigadas en nuestra biología. Si el medio ambiente de tu amiga ha sido negativo, o ella lo ha percibido como negativo, en momentos como estos, estas emociones negativas son la propia defensa en contra de amenazas externas percibidas así.

Ella está programada a ver el peligro, a estar en alerta, basada en sus experiencias sufridas y no superadas. Recordemos que el cerebro juega también un papel muy importante en la percepción de esta persona. Hay personas en las que su hemisferio cerebral derecho es más preponderante. Estas personas tienden a ser más sensibles a lo negativo. Mientras que si fuera al revés, la actividad en la zona izquierda genera más sentimientos positivos. Además, la actividad en la zona izquierda puede lograrse a través de utilizar nuestra capacidad racional, el poder de reinterpretar y manejar los problemas que percibimos.

No es el momento de que la confrontes, pues no va a entender. Es imperativo que se concentren en actividades positivas. Fueron amigas, tienen que tener un punto en común. Puedes invitarla a realizar actividades como montar bicicleta, ir a clases de baile, ir a ver una obra de teatro cómica, como tantas que tenemos aquí en Miami. Son actividades que le van a ir renovando su alegría de vivir, y la ayudarán a reencontrarse con que la vida sigue, y que debemos vivirla un día a la vez y reconocer que este día de hoy es maravilloso. El sentir placer físico aumenta los neurotransmisores cerebrales como la dopamina y la serotonina, que la ayudará a sentirse mejor y más alegre.

Reunirse como amigas para alegrarse y pasarla bien las ayudará. Gracias.

Doctora Isabel

Madre neurótica

Hola doctora Isabel:

Creo que estoy haciéndoles mal a mis hijas. Tengo dos niñas y yo las hago que recojan sus juguetes siempre y que limpien su cuarto. Los juguetes los tengo siempre en una repisa en fila y recogidos. Ellas me dicen que soy muy exagerada. También me lo dice mi esposo, pues me paso la vida limpiando, recogiendo. No me gusta que nada este fuera de su sitio.

Me siento angustiada y frustrada pues no logro que lo entiendan. Sé que exagero, y aun cuando todo está acabado de recoger, siento ansiedad. ¿Qué puedo hacer?

Hola amiga:

Una cosa es enseñarles a ser ordenadas, y otra es que no las dejes estar cómodas en su propio cuarto o en su hogar. Te comprendo, pues a mí también me gustan las cosas limpias y ordenadas. Pero creo que tu problema viene de hace bastante tiempo, y eres víctima del perfeccionismo o la autoexigencia, que son aspectos de la personalidad que muchos niños y adultos sufren. Digo sufren, pues muchas veces no pueden disfrutar mucho de la vida, pues siempre están viendo lo que no está en su puesto.

Cuando se tienen objetivos muy altos, tan altos, se pueden crear tensiones como la que tú sientes. Este problema no lo notas tú, aunque lo estás verbalizando, pero los demás sí, lo sufren y te lo dicen.

Padeces del pensamiento que resuena, "todo lo hago mal", o la percepción de tu realidad se ve influenciada por un mecanismo selectivo donde se tiende a percibir en pequeños detalles, defectos y errores. Muchas veces los logros tuyos o los de tus hijas te resultan inadvertidos o parecen insignificantes. Recuerda que la idea de la perfección es imposible. El valor tuyo como persona no depende de la limpieza y orden de tu casa.

Es necesario tener cierto orden en el hogar; es conveniente, saludable y nos da paz. Pero cuando esa paz se ve atacada por tu constante buscar que todo esté limpio, esa actitud se convierte en un comportamiento compulsivo y obsesivo.

Debes centrar más la atención en las cosas buenas que te pasan que en buscar lo más negativo. Debes eliminar de tu vocabulario "sí, pero", y no decirles a tus hijas "el cuarto está limpio y recogido, pero... dejaste un libro arriba de la cama".

Recuerda que hay diferentes formas de hacer las cosas: mal, regular, más o menos, bien, muy bien, excelente. Proponles que hagan las cosas bien y a lo mejor te sorprenden con un excelente.

Ten un horario y días específicos donde pases inspección en vez de a cada momento. Les dices que ellas escojan el día que quieren que pases inspección, y no las estés supervisando. Si no lo hacen en el día acordado, pues las consecuencias serán que en vez de un día les vas a pedir dos, y durante el tiempo que recogen no habrá música, televisión o teléfono. De igual manera, debes tener un horario para la casa en general. Los baños dos veces a la semana, la cocina todos los días, y así según se necesite.

Sería conveniente que te tomaras un té de tilo todos los días, quizás dos veces al día. Vete a caminar, eso te relaja. Los programas de Emociones Anónimas o Neuróticos Anónimos (neuroticosanonimos.us) te pueden ayudar.

Con mucho cariño,

Doctora Isabel

No repitas traumas pasados

{◦}

Hola mi Doctora:

Soy una mujer de sesenta años. Nunca me casé. Tuve una relación de casi veinte años, pero decidió dejarme. Luego sufrió un accidente, lo ayudé por un tiempo, pero se suicidó.

Una prima me presentó un amigo de cincuenta y cinco años. Es divorciado, con tres hijos, dice que su mujer lo dejó por otro. He tratado de ser amable, pero él sólo me cuestiona. Hace un mes y medio que estamos en esta relación, pero la verdad no entiendo su comportamiento. Me cuestiona por qué no me casé, por qué no tuve hijos. Luego me dice que él es una persona muy correcta, que jamás estaría con dos mujeres a la vez, que el día que se enamore nuevamente tendrá a su mujer como a una reina.

Admiro que es un excelente padre. Todas las semanas me promete que saldremos para conocernos y desaparece. Siento que estoy a mitad de la vida, quiero tranquilidad, pero también deseo tener pareja. Ayer escuchando su programa pensé que en mi caso sucedió que entregué demasiado a mi pareja anterior y no lo valoró.

Ahora solo quiero ser amiga de esta nueva persona, pero que sigue con el trauma de su anterior relación. No es fácil comenzar de nuevo, pero lo deseo tanto, aunque creo que como usted dice, no he sabido escoger. Hace unos diez años que la escucho, la quiero y la admiro muchísimo, seguí sus consejos cuando me separé de mi ex y me fue bien.

Usted es mi ángel.

LOVE!

Querida amiga:

Continúas dando más de lo que recibes, por tanto que has pasado en esta relación repitiendo los traumas pasados.

Si has tenido hijos o no, no es excusa para que no te aprecie. El último párrafo lo dice todo. No creas que el principio de una relación debe ser tan difícil. Es más, es la parte más fácil: se hablan, salen, comparten su pasado y más que nada el presente. ¿Por qué tienes que esperar por esa salida que no sucede? No entiendo por qué crees que esta relación puede ser como la de un amigo. No te confundas, por lo general un amigo no actúa así. La forma en que dices que te cuestiona es como si fueras la esposa que se fue. Está proyectando sus dudas y resentimientos en alguien que realmente no lo merece.

Si quieres tranquilidad, busca relaciones que te den alegría, placer, paz, no ataduras tan fuertes que pueden ahogar a cualquiera. Te recomiendo que para buscar amistad, entres en círculos donde puedan discutir una película, un libro, arte. Puedes tomar clases de baile, es bueno para la salud. Allí puedes encontrar amistades y verás que comenzarás a sentirte bien contigo misma.

La relación que tuviste anteriormente tiene que haber sido muy traumática. Te hirió, te abandonó, y después lo cuidaste y se suicidó. Me pregunto si te culpas de los males de ese individuo. Definitivamente tienes que levantar el ánimo. Asiste a grupos de apoyo como los de CoDA

(Co-Dependents Anonymous), donde también podrás compartir tus lecciones y encontrar amistades. Sana primero tu interior, para que encuentres el poder interno que te hará sentir la razón por la cual estás en esta tierra.

Toma control de tus emociones.

Doctora Isabel

¿Cómo dejo brotar mis sentimientos?

～δ～

Hola María Luisa:

Gracias por tus palabras lindas, por escucharme y por ser una fiel oyente. Espero que mi respuesta te ayude en tu proceso de ser una mejor persona con más felicidad. Es algo que todos deberíamos trabajar cada día para lograr ese objetivo.

Para mí han sido una combinación de herramientas que he utilizado para manejar mejor mis emociones: la fe, la educación y mi técnica personal abajo.

1. Hay veces que lloramos porque un amor se fue, se terminó una etapa de nuestra vida o un viaje de placer terminó. En verdad, debemos sonreír de haber tenido la oportunidad de que estos momentos del pasado existieron, y debemos estar abiertos a las oportunidades que están por comenzar.

2. El pasado nos sirve de manual para comprender nuestra vida, mirando hacia atrás para analizar nuestros errores y lecciones. El secreto de una vida satisfactoria es enfocar nuestra mirada en el presente, hacia adelante, con nuestras pasadas experiencias como advertencias de las bellas oportunidades que están por venir.

3. Mis recuerdos de mi padre me empujaron a conocer dónde vivió y de dónde vinieron mis antepasados. Él nació en España, en Galicia, tierra de amalgama de verdes, cimas rocosas, costa de mar con azules y verdes intensos, y estos mares abrazados por montañas. Cuando llegué a la aldea, donde me esperaban primos que por primera vez conocía, me llevaron a ver dónde crecieron mi padre, mis abuelos y los demás hermanos de mi padre. Ahí, en ese momento, comprendí lo que son la perseverancia y la pasión que pueden mover a alguien a cruzar miles de millas por mar a un país extraño, solo, a los diecisiete años.

Ahora, cuando me siento preocupada por alguna situación que se presenta difícil, me digo: "si mi padre logró hacer eso, solo con su tesón y determinación, no hay nada que yo no pueda superar". Esta historia es igual para miles de los que me escuchan a diario, que han logrado cruzar fronteras, cruzar mares y sufrir persecución. Entonces me digo, no hay nada que no se pueda hacer, solo tienes que dar el primer paso y determinar el que le sigue.

4. En mis primeros años escolares, me hacían escribir mis tareas y reportes en un borrador, y después pasarlos en limpio. Creo que

esa era una buena idea, pues entonces podíamos corregir nuestros errores y hacer una presentación mejor. Si en nuestra vida pudiéramos hacer un borrador, y realmente sí se puede hacer, pues aprenderíamos de nuestro pasado, y corregiríamos nuestros errores, y así podríamos llevar una vida diferente a la del pasado, aplicando las lecciones aprendidas del pasado.

5. Tanto podemos aprender al observar un granjero preparando el terreno para sembrar su huerto. Se asegura de que esa tierra no solo sea fértil, sino que tenga los elementos y minerales necesarios para que se dé su siembra. Después va observando si hay obstáculos y rastrea la tierra para poner la semilla. Luego va poniendo las semillas, dándoles espacio entre una y otra para después taparlas con esmero y regarlas con frecuencia para ayudarlas a crecer fuertemente. Les presta atención, les quita las malezas para que esas semillas se desarrollen a su máximo. Una vez que crecen les da el espacio necesario. El granjero solo tiene que mantener el ojo a ciertas necesidades que se puedan presentar. Después es recoger el fruto, disfruta de esa labor intensa del principio.

¿No es eso lo que como padres debemos hacer con nuestros hijos? Prepararnos antes de comenzar a sembrar, preparar el terreno. Y durante los primeros tiempos prestarles mucha atención y cuidado, al llegar a la adolescencia entonces mantener el ojo, estar allí para guiar y mantenerlos libre de peligros. Ya después, como adultos, al comenzar ellos a florecer y a dar frutos, podemos observar nuestra labor.

Para tener grandes hombres tenemos que criar niños sanos.

6. ¡Cuánto nos cuesta aceptar una crítica! Pensamos que la persona no nos ama. Creemos que el que nos ama no debe señalar aquello que debemos cambiar. ¿Por qué no podemos pensar que una observación dada respetuosamente nos ayuda a realmente ver nuestras debilidades y cambiarlas a habilidades? Cuando era

más joven, si alguien me decía cuando practicaba el piano que los sonidos no fluían suavemente, me enfurecía pensando: "con todo lo que me esfuerzo, y hago todas las notas, ahora te fijas que el sonido...". Es que me estaban haciendo ir de un mero golpeador de notas a un pianista con emoción. Cuando alguien te corrije y tu reacción es emotiva, piensa cuánta verdad puede haber en lo que te dijeron y da las gracias, pues te están convirtiendo en un ser humano que fluye mejor con el universo.

7. Todo está en la actitud ¿verdad? En nuestra percepción. Para unos el proverbial vaso está medio vacío; para otros está medio lleno.

¿Quién no ha tenido momentos en la vida en los que algo les falta? Ya sea dinero, más amor, una casa más grande. Sin embargo, ese es el momento en que debemos poner un alto a nuestra queja y ponernos a pensar en lo que tenemos y en lo que realmente necesitamos para vivir. Nos daremos cuenta de que tenemos salud, un techo, no nos están bombardeando y podemos dormir en paz, y tenemos suficiente sustento para existir.

He conocido personas humildes que siempre tienen una sonrisa para regalar. Se conforman con poder sentarse alrededor de una mesa y conversar y compartir su plato de comida con un visitante.

En mis travesías muchos me vienen a ver, y muchos son trabajadores que me quieren demostrar su agradecimiento trayéndome fresas que han recogido en el campo. Otros un poema que me han escrito agradeciéndome mis humildes consejos.

Para mí, el vino sabe mejor cuando no se le llena la copa, pues le da más aire para desarrollar su aroma.

8. Vivimos en un mundo donde nos recuerdan continuamente que tenemos que ejercitar nuestro cuerpo para mantenernos físicamente bien. El alimentarnos correctamente es necesario para nuestra salud. También es recomendable que leamos, que estudiemos para que nuestro intelecto crezca.

Sin embargo, ¿qué hacemos para alimentar nuestro espíritu, esa parte de nosotros que realmente es el centro de poder de energía para nuestro ser? Si no estamos en contacto con nuestro espíritu, realmente no sabemos ni quiénes somos, ni por qué estamos aquí. No comprendemos el porqué de lo que sentimos, ese vacío existencial, ese "angst" que a veces nos lleva a tratar de llenarlo con excesos.

¿Cómo podemos alimentar y conocer nuestro espíritu? Por medio del silencio de la meditación, separando unos minutos del día, antes de comenzarlo y al terminar, mirando el amanecer, algo en la naturaleza, sin ruidos creados por televisión, radio, solamente por el sonido ensordecedor y a la vez sanador de los ruidos de la naturaleza. Cada vez que estás en silencio, te estás acercando un poquito más a ti y a tu verdad. La verdad que viene programada en tu espíritu.

9. Conocemos la importancia de la luna y la influencia que ejerce en los mares. Para mí la luna significa tantas cosas. Representa mi ser intuitivo y hay veces que decimos cuando nos topamos con un día medio loco, "¿Y la luna estaba llena anoche?". Para mí, mirar la luna es un ritual, sin importar el menguante o su tamaño. Es un momento especial para mí, pues me maravillo de su influencia en las emociones, en la energía y, misteriosamente, en la intuición.

Esta noche toma tiempo para mirar a la luna. Observa su brillo, su tamaño, su color y su posición en el firmamento. Tómate el tiempo para sentir su presencia en todo tu ser y deja que su energía toque tu corazón. Duerme con tranquilidad esta noche, sabiendo que la luna te estará velando.

Esta noche imagínate que lo único importante es tu descanso y tu paz interior y deja que el sonido del ritmo de tu respiración te arrulle a dormir.

Tu doctora para siempre